● 本书获得福建省社会科学研究基地"闽东特色乡村振兴之路研究中心"、闽东之光研究院资助。

● 本书为福建省社会科学研究基地重大项目"乡村振兴视阈下闽东高素质农民培育研究"（项目编号：FJ2020MJDZ044）成果。

乡村振兴经济研究丛书

乡村振兴视阈下

高素质农民培育研究

周 俪 著

厦门大学出版社 国家一级出版社
XIAMEN UNIVERSITY PRESS 全国百佳图书出版单位

图书在版编目（CIP）数据

乡村振兴视阈下高素质农民培育研究 / 周俪著. --
厦门：厦门大学出版社，2023.9
（乡村振兴经济研究丛书）
ISBN 978-7-5615-9146-8

Ⅰ. ①乡… Ⅱ. ①周… Ⅲ. ①农民教育-素质教育-
研究-中国 Ⅳ. ①D422.6

中国版本图书馆CIP数据核字(2023)第186937号

出 版 人　郑文礼
策划编辑　李瑞晶
责任编辑　李瑞晶
美术编辑　李嘉彬
技术编辑　朱　楷

出版发行　厦门大学出版社
社　　　址　厦门市软件园二期望海路39号
邮政编码　361008
总　　　机　0592-2181111　0592-2181406(传真)
营销中心　0592-2184458　0592-2181365
网　　　址　http://www.xmupress.com
邮　　　箱　xmup@xmupress.com
印　　　刷　厦门市金凯龙包装科技有限公司

开本　720 mm×1 000 mm　1/16
印张　15.75
插页　2
字数　230 千字
版次　2023 年 9 月第 1 版
印次　2023 年 9 月第 1 次印刷
定价　55.00 元

本书如有印装质量问题请直接寄承印厂调换

厦门大学出版社
微信二维码

厦门大学出版社
微博二维码

前　言

民族要复兴,乡村必振兴。2017 年,党的十九大报告首次提出乡村振兴战略①。这是党的十九大作出的重大决策部署,是决胜全面建成小康社会、全面建设社会主义现代化国家的重大历史任务,是新时代"三农"工作的总抓手。习近平总书记指出,全面建设社会主义现代化国家,实现中华民族伟大复兴,最艰巨最繁重的任务依然在农村,最广泛最深厚的基础依然在农村②。

当前,乡村振兴单纯依靠外源性的资源输入难以实现,其关键是要坚持农民的主体地位。2018 年,中央一号文件《中共中央　国务院关于实施乡村振兴战略的意见》强调,要坚持农民主体地位的基本原则,充分发挥农民在乡村振兴中的主体作用,激发乡村振兴的内生动力③。同年的十三届全国人大一次会议上,习近平总书记在参加山东代表团审议时再次强调,要充分尊重广大农民意愿,调动广大农民积

① 顾仲阳.乡村振兴　小康才全面[N].人民日报,2017-10-23(06).
② 习近平.坚持把解决好"三农"问题作为全党工作重中之重　促进农业高质高效　乡村宜居宜业　农民富裕富足[N].光明日报,2020-12-30(01).
③ 新华社.中共中央　国务院关于实施乡村振兴战略的意见[Z].中华人民共和国国务院.2018.

极性、主动性、创造性，把广大农民对美好生活的向往化为推动乡村振兴的动力[①]。

习近平总书记曾强调，人才振兴是乡村振兴的基础，要创新乡村人才工作体制机制，充分激发乡村现有人才活力。可见，人才是实现乡村振兴的关键。因此，必须破解人才瓶颈，把人力资本开发摆在首要位置，畅通智力、技术、管理下乡的通道，造就更多乡土人才，"聚天下英才而用之"。农民作为乡村振兴的主体，其素质的高低会对我国农业发展产生较为直接的影响，特别是作为劳动力的农民素质的高低，会对我国农民的经济收入以及农业发展趋势形成一定的影响，也决定着我国农业的未来发展趋势和走向，在推进乡村振兴中发挥着重要的作用。由此可见，农民问题是"三农"问题的核心。

乡村振兴，关键在人，人才振兴，重在教育。培育高素质农民，是党中央基于新发展阶段"三农"工作提出的一项新的重大命题。乡村振兴战略的实施和现代农业的发展离不开人才队伍的引领和支撑，其中高素质农民人才队伍尤其重要。从整体来看，农民素质偏低是当前加快农业农村现代化、全面推进乡村振兴的一项短板，影响到农民的持续增收和农业的提质增效。为了破解这一问题，党中央从新发展阶段我国"三农"工作出发，提出推动高素质农民培育的新举措。

2020年中央一号文件明确提出，加快构建高素质农民教育培训体系[②]。2021年中央一号文件进一步强调，要加快培育高素质农民。2021年发布的《中华人民共和国国民经济和社会发展第十四个五年

[①] 光明网.习近平在山东代表团参加审议时强调：实施乡村振兴战略是一篇大文章，要统筹谋划科学推进[EB/OL].[2021-11-20].https://difang.gmw.cn/cq/2018-03/09/content_27935745.htm.

[②] 中共中央 国务院关于全面推进乡村振兴加快农业农村现代化的意见[N].农民日报，2021-02-22(02).

规划和 2035 年远景目标纲要》提出，要实施高素质农民培育计划，加快培养一批有文化、懂技术、善经营、会管理的，以农业为职业，具有较高的专业技能，收入主要来自农业且达到一定水平的高素质农民队伍，为乡村振兴战略提供人才支撑[1]。高素质农民是农民中的优秀代表，是乡村人才队伍中最基础的人才构成。其作为新产业、新业态的生力军，不仅是新型农业经营主体的实践者，是现代农业先进生产力的代表，还是现代农业发展和乡村产业振兴的基础。高素质农民培育是构建新型农业生产经营体系的战略基础工程，是解决农民增收问题的治本之策，也是助力现代农业发展和提升农业竞争力的核心要素。大力培育高素质农民，促进农民科技文化素质整体提升，发挥人才引领作用，是全面推进乡村振兴、加快农业农村现代化的重要支撑。然而，培育高素质农民，是一项基础性、长期性工作，也是一项民生工程。如何培养高素质的农民，是乡村人才振兴最基础、最艰巨的工作之一。只有强化顶层设计和系统思维，在认识上高度重视，在措施上瞄准症结，根据"科教兴农、人才强农、高素质农民固农"的战略要求，培养一支有文化、懂技术、善经营、会管理的高素质农民队伍，才能为实施乡村振兴战略提供不竭的人才资源。

本书围绕高素质农民培育问题进行了深入的思考和探索，共分为八章，各章的具体内容如下。

第一章，对高素质农民作出概述。首先，在梳理农民概念演变的基础上，界定了高素质农民的内涵，分析了高素质农民在场域、经营和素质等三个方面应该具备的基本条件；从新、高、深、广、强等五个

---

[1]　中华人民共和国国民经济和社会发展第十四个五年规划和 2035 年远景目标纲要[N].人民日报，2021-03-13(01).

方面论述了高素质农民的基本特征；围绕现代农业发方向，总结出高素质农民的代表性类型。其次，阐述了高素质农民的素质要求，并构建了高素质农民的素质模型。再次，评价了高素质农民在乡村振兴中的重要价值，即乡村产业振兴的先行者、文化振兴的传承者、生态振兴的维护者以及组织振兴的参与者。最后，总结乡村人才振兴经验，从个体层面上提出，本土人才、人才返乡和人才下乡是高素质农民三个最为有效的来源；从组织载体层面提出，高素质农民的组织载体是专业大户、家庭农场、农民专业合作社和农业龙头企业等各种不同类型的新型农业经营主体。

第二章，阐述了高素质农民培育的提出背景、发展趋势、政策环境、理论基础和现实需要。首先，阐述了高素质农民培育的提出背景，即由于振兴农业和农村计划等都离不开农业继承人计划等农民培训工作，产业的融合发展又对农业农村人才的能力和素质提出了更高的要求，尤其是在当前全面推进乡村振兴的历史新时期，高素质农民培育更是重要的人才支撑保障。其次，探讨了高素质农民培育的发展趋势。系统分析了高素质农民培育的发展趋势，分析了目前高素质农民培育的基础现状，总结了高素质农民发展呈现的五个特点。再次，论述了高素质农民培育的政策环境。从国家政策、相关部委政策和地方政策三个方面梳理了相关政策对高素质农民培育的支持。复次，系统总结了人力资本理论、系统理论、劳动力迁移的推拉理论、产业链理论、公共产品理论等，明确了高素质农民培育的理论基础。最后，探讨了高素质农民培育的现实需要。在研究的基础上提出高素质农民培育的战略意义在于，有助于构建新型农业生产经营体系，完善乡村人才队伍建设，实现农业农村现代化发展，确保重要农产品有效供给，推进现代农业实现转型升级，以及促进农村社会创新发展。

第三章,分析了高素质农民培育所需要的制度方面的创新。首先,在土地制度方面,一是要明确土地所有权主体,二是要具体界定承包经营权,三是要建立土地股份合作制,四是要促进土地产权市场的发育。其次,在生产经营方面,一是要大力推行合作制、股份制、股份合作制等农业产业化的有效组织形式,二是要大力培植龙头企业,三是要建立健全利益分配机制。最后,在农业保险方面,一是要建立、健全农业风险管理的法律法规,二是要建立农业保险体制,三是要完善灾害救济制度,四是要逐步建立农业技术风险管理制度,五是要完善农业市场风险管理机制。上述制度的创新为高素质农民培育奠定了基础。

第四章,初步探索了农业社会化服务体系。农业社会化服务体系作为高素质农民培育的保障,从服务内容上看,包括了基础性公共服务、金融服务、市场化服务和培训服务等方面。本章在概述农业社会化服务和农业社会化服务体系的基础上,首先,围绕农业农村基础设施服务、农技推广服务、基层供销体系建设、农业社会化服务平台等方面,分析了基础性公共服务;其次,针对农村金融机构、农业保险、农业供应链金融等方面,分析了金融服务;再次,从农业生产托管服务、土地流转服务等方面入手,分析了市场化服务;最后,从培训广度、农业职业教育、农民科学素质等方面,分析了培训服务。

第五章,总结了国外农民培育的实践经验。梳理了美国、德国、法国、荷兰、英国、日本、韩国、澳大利亚、俄罗斯等各主要代表性国家农民培育的背景、具体措施及产生的效果,并比较各国的做法,从而给予我国高素质农民培育一些有益的借鉴。

第六章,探讨了制约高素质农民培育的因素。首先,从政策方面分析了当前高素质农民培育在立法保障、培育规范性、政策体系、政策精准度等方面存在的不足。其次,从机制方面分析了当前高素质农民培育在培育资源、培育内容、培育方式、保障措施、管理服务、宣传力度等方面存在的不足。最后,从人员方面分析了当前农业劳动力结构,以及农民在专业技能水平、经营管理素质和经验水平、参与动力等方面存在的不足。

第七章,归纳了高素质农民培育模式。在梳理近年来我国高素质农民培育模式的基础上,重点介绍了"政校合作 产学研贯通"培育模式、农民"田间学校"培育模式、"两级两类培训结合、三段三化管理组合"培育模式、"三产融合＋三位一体"跟踪服务模式、"三三三"贯通式培育模式等典型的高素质农民培育模式。

第八章,构建了乡村振兴视阈下高素质农民培育的实现机制。对于高素质农民培育的实现机制,从外在动力、内在驱动、关键所在、成效保障、环境保障、方向引领等六个维度,初步构建了高素质农民培育的实现机制,包括政府主导机制、改革创新机制、多元化发展机制、监督治理机制、环境营造机制以及目标导向机制,有针对性地提出促进高素质农民培育的对策建议。

目 录

第一章 高素质农民：
中国农民的未来走向

第一节 高素质农民的内涵、类型与特征分析

一、什么是农民

在讨论高素质农民问题前，有必要先弄清楚"农民"的内涵。农民是在原始社会，伴随生产资料私有化和阶级的产生而出现的。据《谷梁传·成公元年》载"古者有四民：有士民，有商民，有农民，有工民"，即士、农、工、商"四民"。范宁将农民定义为播植耕稼者。颜之推《颜氏家训·勉学》中也指出农民为计量耕稼者。朱德在《和何香凝主任〈农村〉原韵二首》之一中写道："农民分地大翻身，苦战九年镇日勤。"可见，传统意义上的农民是指千百年来生活在农村，长期从事农业生产，从土地中获得收入的劳动力。

纵观历史，农民这个概念是动态变化的。农民所具有的经济性质会随着历史时期的不同而发生变化。在奴隶社会，农民分为自耕农和隶农。自耕农是有自己的小块土地，从事个体劳动的农民；隶农指受雇于大块土地所有者的农民，介于自由农民和奴隶之间的耕作者。在封建社会，除了自耕农之外，还出现了大量的佃农，即租种地主土地的农民。随着封建社会的瓦解

和资本主义的发展,又出现了雇农、贫农、中农和富农,但此时的农民主要是贫农和中农。到了清朝和南京国民政府统治时期,农民多为佃农和自耕农,这时农民成了社会主要的劳动力,没有土地的农民就依靠给地主打工谋生。在这个时期,农民阶级虽然处于被统治地位,但从社会地位上看,农民阶级所处的社会地位仍是比较高的,在士、农、工、商中排在第二位。在资本主义社会,以及殖民地社会和半殖民地社会,农民主要是贫农和中农。而到了社会主义社会,农民主要是集体农民。《辞海》中将农民定义为"直接从事农业生产的劳动者(不包括农奴和农业工人)"。由此可见,农民这个概念具有时间性、空间性、价值性和领域性四个特性。无论是古代的朝代更替,还是近代的革命、战争与当代的社会建设,农民阶级都是社会变迁的主力军,发挥着中流砥柱的作用。

在国外,农民是与教师、医生等并列的一种职业,指的是从事农业生产经营的人。但是,农民二字在我国似乎有着与国外不同的含义。长期以来,国内学界对农民的界定并不统一,主要有三种观点:其一是职业身份上的农民,这种界定立足于农民的群体特征和农业生产的基本属性,认为农民是从事农业生产的人。其二是阶级形态上的农民,这种界定主要是从意识形态的角度对农民进行界定。其三是户籍制度上的农民,是对 1958 年中国户籍制度确立以后持农村户口的人的称谓。从法律意义上讲,农民指具有农业户口的人。虽然这几年以二元户籍制度为核心的城乡二元结构日趋松动,市民的各种优厚待遇也在改革之中不断弱化甚至消失,但户籍仍是现阶段区分农民与非农民的重要标志。另外,农民在我国也代表一种身份。随着市场经济的发展,越来越多的农民离开自己的家乡和土地,选择来到大城市打工,从事非农业的工作,但是,只要他们的户口不变,我们仍认为他们是农民。本书所指的农民主要是从职业身份和户籍制度层面上讲的农民。

二、高素质农民概念的提出

　　"三农"问题攸关我国全面建成小康社会这一国家重大战略,农民问题则是重中之重。党和国家出台的一系列"三农"政策为高素质农民培育工作指明了方向,通过回顾分析我国新世纪以来以"三农"为主题的政策文件,可以发现,对于"农民"的表述经历了从 2005 年中华人民共和国农业部提出的具有初中(或相当于初中)及以上文化程度的职业农民[①],到 2006 年中央一号文件提出的有文化、懂技术、会经营的新型农民[②],到 2012 年中央一号文件[③]以及《新型职业农民培育试点工作的指导意见》[④]明确提出的以农业为职业的新型职业农民,再到 2019 年的有文化、懂技术、善经营、会管理的高素质农民这四个阶段。由此可见,农民是一个动态发展的概念,反映了不同时期的时代要求和农民的职业素养、身份地位和社会阶层等方面的差异。农民作为农业发展主力和农业生产经营主体,在不同的历史发展阶段,其概念具有不一样的表述,内涵也同样具有阶段性和认知上的差异性,这些差异不仅体现在农民生产生活方式的改变上,更体现在随着现代农业产业的扩张和产业链的延伸,以及对符合时代发展要求的高素质、专业型职业农民的需求上。因此,准确定位乡村振兴背景下高素质农民的内涵,重塑高素质农民在农业生产中的主体地位,是激发农村市场活力、引领乡村振兴的前提和基础。

---

① 中华人民共和国农业部.关于实施农村实用人才培养"百万中专生计划"的意见[J].中华人民共和国国务院公报,2015(12):27-28.

② 中共中央　国务院.中共中央　国务院关于推进社会主义新农村建设的若干意见[J].中华人民共和国国务院公报,2006(11):4-12.

③ 中共中央　国务院.中共中央　国务院关于加快推进农业科技创新持续增强农产品供给保障能力的若干意见[J].中华人民共和国国务院公报,2012(5):4-11.

④ 农业部办公厅.农业部办公厅关于印发《新型职业农民培育试点工作方案》的通知[J].中华人民共和国国务院公报,2012(8):32-34.

表 1-1 为 2005—2019 年我国农民概念的演变。

表 1-1　2005—2019 年我国农民概念的演变[①]

年份	首次提出的政策文件	概念	具体内涵
2005 年	《关于实施农村实用人才培养百万中专生计划的意见》	职业农民	具有初中(或相当于初中)及以上文化程度,从事农业生产、经营、服务及农村经济社会发展等领域工作的农民
2006 年	《中共中央　国务院关于推进社会主义新农村建设的若干意见》	新型农民	有文化、懂技术、会经营
2012 年	《中共中央　国务院关于加快推进农业科技创新持续增强农产品供给保障能力的若干意见》	新型职业农民	以农业为职业,具有一定的专业技能,收入主要来自农业的现代农业从业者
2019 年	《中国共产党农村工作条例》	高素质农民	有文化、懂技术、善经营、会管理

从表 1-1 可以看出,随着时代的发展,农民的概念逐渐发生了变化。高素质农民是从新型职业农民引申而来的,是新型职业农民通过早期培训和创业发展起来的,是新型职业农民不断成长的结果。

三、高素质农民的内涵

高素质农民群体构成较为广泛,既包括从事农业生产经营的农民,如种植养殖大户、家庭农场主,也包括为农业生产经营提供服务和劳务的从业者,如农机服务人员、统防统治植保员、农村动物防疫员、水利员、沼气工,甚至包括更广泛的社会服务体系(技术服务和劳务服务)的从业者,例如土地仲裁调解员,测土配方施肥员,农村信息员,从事农产品储存、运输和加工行

[①] 吕莉敏.基于乡村振兴的高素质农民内涵、特征与功能研究[J].当代职业教育,2022(1):17-25.

业的服务人员,农村经纪人等农业社会服务人员,实际上涵盖了政府提供的农业服务外的所有农业社会化服务领域①。从侧重强调文化素质(初中及以上学历)和专业技能的职业农民和新型农民,到强调具有职业情怀(懂农业、爱农村、爱农民)、经营、管理、创新能力和社会责任感(引领农村产业发展、带动小农户实现"两新"融合)等综合素质的新型职业农民和高素质农民,不仅体现了农民不再是身份的表现,而是职业的象征,而且体现了社会经济发展对农民这一职业的专业化发展要求也越来越高。当前,高素质农民作为新型职业农民的升级版,是再造于乡村内部的群体,是乡村社会经济发展中最有力的主体,是乡村社会中那些经过一定时期的农业创业和经营,已经具有了一定经营规模和资金积累、较好的资源禀赋和职业素养的中青年新型职业农民。日益分化的农村,在乡村振兴过程中,要实现农民的个体性参与到群体性参与,必须有一个在普通农民之间有一定引导力的、能够在推进乡村振兴过程中维护全体农民公共利益的有效的中介,而高素质农民就可以成为这个中介,因此,高素质农民应该具备以下三个基本条件。

1. 场域要求

高素质农民必须是再造于乡村内部的群体,主要包括农村的专业大户、家庭农场、农民专业合作社等新型农业经营主体的领办人、"农二代"规模经营者、中青年返乡创业农民工等。虽然外源性主体能够在一定程度上为乡村发展提供资源要素,实现乡村与市场的有效对接,但他们的主要目的是争取更多的国家项目资源,无法真正嵌入乡村。外源性主体的进入会改变乡村治理的生态系统,为乡村治理增添新的博弈主体②,这在一定程度上会对小农造成排斥和挤压,使得被流转土地的农民无法获得稳定的收益保障。因此,高素质农民应该是与普通农民有着紧密的利益联结机制的主体,他们

---

① 熊凤水.新型职业农民培训研究[M].北京:中国社会科学出版社,2020.
② 赵泉民.合作社组织嵌入与乡村社会治理结构转型[J].社会科学,2015(3):59-71.

的存在能够维持乡村经济内部体系的平衡和乡村的可持续发展。基于乡村的熟人社会和特殊的社会网络关系,作为乡村内生秩序维系者的高素质农民不能只是乡村发展过程中的过客,而必须是在与广大农民互动过程中积累丰富的社会资本,在实现乡村的嵌入性治理过程中产生内生性权威的群体,他们抑或拥有持续在场的优势,抑或通过精英回流为乡村发展整合内外资源[①]。

2. 经营要求

高素质农民必须是适度规模经营者。作为理性经济人,只有当农业经营收入不低于外出务工收入时,农民才有可能留在乡村。不论是长期坚守农村的农业从业人员还是返乡、下乡进行涉农创业的群体,只有当他们的农业经营收入超过当地平均工资性收入水平时,他们才会愿意持续在农业领域生产经营。而对于碎片化的小农家庭生产经营模式,老人和中年妇女的劳动供给加上季节性的雇佣劳动就足以应付相应的生产经营活动,于是,农村家庭的青壮年劳动力得以释放,家庭的代际分工和候鸟型兼业农民成为小农家庭人力资源的理性选择。因此,高素质农民应该具有一定的经营规模,尽管他们的经营规模与投入不需要有工商资本下乡创办的农业企业那么大,但却可以集聚乡村生产要素。他们通过领办家庭农场、农民专业合作社、农业企业等新型农业经营主体,组织、联结小农户及多元经营主体,在农村发展特色产业,进行适度规模经营,并与市场资源对接,在降低自身农业生产经营的直接和间接成本的同时,保障农民获得土地流转收入,并吸纳农村剩余劳动力就业,这种雇佣与反向雇佣的新型雇佣关系不仅能提高被流转土地农民的农业经营收入,还能提升高素质农民土地流转的稳定性,形成

---

① 李华胤.治理型中坚农民:乡村治理有效的内生性主体及作用机制:基于赣南 F 村的调查[J].理论与改革,2021(4):116-128.

了高素质农民与普通农户的双赢格局①。

3. 素质要求

高素质农民必须是中青年新型职业农民。虽然随着机械化在农业领域的普及，老人农业也不是完全没有希望，但是伴随着城乡社会转型的加深和现代农业的发展，乡村社会被嵌入高度竞争的市场体系中，为了防止乡村的塌陷和边缘化，就必须以专业化、标准化的新型农业经营主体为主的现代农业，来取代传统的以农户家庭经营为主要模式的传统农业，在此过程中，就需要一批能够连接多元经营主体利益、对接国家政策资源、高度嵌入乡村利益和乡村社会关系、对乡村发展和乡村治理有主体自觉和归属认同的高素质农民队伍来组织小农，发展具有更强的经营性和扩张性的农业经济，从而实现乡村振兴，而这些却是老人农业无法实现的。另外，与老人农业相比，作为未来农业脊梁的青年农民整体文化素质更高，更容易接受新事物，而且他们对市场信息的反应更为敏捷，采用新装备、新技术和新模式的积极性更高，更能发展好技术含量高、专业知识强的现代农业。

四、高素质农民的基本特征

随着新型城镇化的快速发展，以及新常态下的现代农业发展产生"胡萝卜效应"②的双重影响，乡村社会结构已经发生了重大的变化，唯有具备一定人力资本和社会资本的高素质农民才能成为乡村振兴的主体。笔者认为，高素质农民应该具备新、高、深、广、强等五个方面的基本特征。

---

① 何金梅，刘芬华，何强.乡村振兴战略初期新型职业农民多元主体重塑[J].经济与管理，2020(3)：62-69.

② 徐辉.新常态下新型职业农民培育机理：一个理论分析框架[J].农业经济问题，2016(8)：9-15.

（一）职业理念新

在农业现代化建设中，要将传统的靠天农业转向现代化的信息农业，首先需要农民这一从事农业生产经营活动的主体实现思维转变，农民的思路决定农业农村的出路，农民的格局决定农业农村现代化的结局。因此，高素质农民应该是具有创新理念的农民群体，他们善于运用科学技术和信息技术武装自己，改变传统的靠天吃饭思维和小农经营现状。高素质农民的职业理念新主要体现在以下两方面：一方面是思想开放。高素质农民具有鲜明的时代特征，他们不再是计划经济时代的生存型农民，而是市场经济体制下的发展型农民，在进行农业生产经营时不拘泥于传统生产、管理的方式方法，与时俱进，善于运用新技术、新的思维模式进行创新，把握农业生产的每一环节。与传统农民的代际传承不同，高素质农民思想开放，眼界开阔，善于应对市场变化，愿意尝试新事物，不安于现状，能够利用现代化的市场信息和生产要素开展农业生产经营，根据市场需求创建品牌，市场意识强，对市场变化灵敏度高。另一方面是敢于创新。高素质农民是新型农业经营主体的实践者、新产业和新业态的先行者、新技术和新装备的承接者，不仅掌握扎实的专业知识和精湛的专业技能，还具有较强的学习能力，能够通过各种方法和渠道学习农业生产经营所需的新知识和新技能，满足规模化、专业化和标准化的现代农业生产经营要求，能在"互联网＋农业"的发展中与时俱进，创新发展，他们通过不断提升自己的经营管理能力、市场能力、决策能力、创新能力等职业能力，追求利益的最大化，不断提升在市场中的竞争力。

（二）职业素养高

在农业现代化进程中，需要依靠市场敏感度高，能够及时根据掌握的市场信息调整农业生产经营结构，能参与市场议价的高素质农民来融合和应用各类资源，转化农业生产和经营方式。

具体来说，高素质农民职业素养之高主要表现在以下三个方面。

一是较高的文化素质。虽然不能仅仅以文化素质的高低为标准来界定高素质农民，但是高素质农民一般都必须具有较高的文化素质。已有的相关研究表明，在农业现代化发展时期，增加农民的受教育年限可以多方位提升农民素质，使其更好地适应农业的市场竞争和转型升级[1]。

二是丰富的生产经营经验。知识可分为以现代理性主义认识论为基础的，推崇理性、秩序和规则的逻各斯[2]，以及注重实用、强调经验的米提斯[3]两类。根据素质冰山模型可知，浮于水面的、容易被测量和观察的知识和技能（例如学历）仅仅是对于从业人员的基础素质要求，而潜藏于水下的、不易被观察和测量的部分（例如经验）才是区分出表现平平者与表现优异者的鉴别性素质。高素质农民多是农业产业和行业里的行家里手，他们都具有丰富的、不易言传的农业生产经营和管理等方面的经验，即具有丰富的、不易被测量的农业生产经营的米提斯知识，这是现代农业生产经营所需的重要人力资本。

三是较高的职业道德。高素质农民在行业内具有一定的声望和知名度，能够连接多元经营主体和小农户，开展绿色有机农产品的生产和经营，为国民提供安全放心的农产品，同时也会注意节能减排和农业生产环境的保护，始终践行"绿水青山就是金山银山"的农业可持续发展理念。

（三）职业情怀深

贺雪峰[4]、赵月枝等[5]研究表明，由于工商资本下乡的主体性目标与乡村

---

① Schumpeter J A. The Theory of Economic Development：an Inquiry into Profits，Capital，Credit，Interest and the Business Cycle[M].Cambridge：Harvard University Press，1934：96.

② 古希腊词汇"logos"的音译，本义为言语、思想、理性、思维。

③ 古希腊词汇"metis"的音译，指的是某种特殊的技能，是在"对不断变动的自然和人类环境做出反应中"习得的知识和技能。

④ 贺雪峰.工商资本下乡的隐患分析[J].中国乡村发现，2014(3)：125-131.

⑤ 赵月枝，沙垚.被争议的与被遮蔽的：重新发现乡村振兴的主体[J].江淮论坛，2018(6)：34-40.

振兴目标的脱节,导致资本文化与乡土文化的社会断层性冲突,表现出资本对农村经济的掠夺和社会秩序的破坏。而随着青壮年农村劳动力的外流,农村和农民的原子化又使得农民之间的合作不足,这就需要一批用得上、留得住、有能力的高素质农民对接小农户和各种资源要素,实现乡村振兴。因此,高素质农民应该是对"三农"有着深厚的职业情怀,主要表现在:一是强烈的主体意识。高素质农民具有较强的社会责任意识,能够主动担当乡村振兴的主人翁责任,不忘初心,坚守将饭碗牢牢端在自己手里的信念,积极参加各类农业培训学习,不断提高自身的素养,带领农民群众发展高效有机农业,承载种好地、保护生态环境和保障国家粮食安全等光荣使命。二是强烈的职业认同感。与传统农民和兼业农民不同,高素质农民将从事现代农业生产经营当作毕生的职业和理想追求,他们全职从事标准化、规模化、专业化的农业生产经营,具有较强的职业认同感和自豪感,他们也希望自己的子女能够继承自己创办的家庭农场、农民专业合作社、农业企业等新型农业经营主体,继续从农,而且他们认为高素质农民是一种体面的、具有挑战性和发展前景的职业。三是浓厚的乡土情结。高素质农民由于长期根植于农村、从事规模化的农业生产经营活动,与小农户和村干部有着经常性的互动与交流,在农村构建了良好的社会关系网络,因此他们对农村、农业和农民有着内生性的认同感。

(四)经营范围广

我国经济发展已经步入了新常态,这就需要通过深化改革和创新体制机制调整经济增速,转变经济发展方式。我国农业经营方式正在从以增加农资投入、牺牲生态环境、加大资源消耗为主的粗放式方式,转变为提高劳动者素质、提高质量和效益的集约式经营方式,并朝着主体多元、领域宽广、科技含量高的方向转变。因此,高素质农民有更为广泛的生产经营范围,具体表现在:一是职业边界模糊。现代农业是一二三产业高度融合的产业体系,这就使得现代农业从业者不再有明确的职业边界,除了从事农业生产活动外,还要将自身的职业范围延伸,将生产经营范围全面覆盖到第一、二、三产业,成为乡村新产业新业态的代表,引领广大农民群众拓宽生产经营范围,有效促进乡村产业的兴旺。二是职业知识广博。与传统农民相比,高素质农民不仅要从事农业生产活动,还要开展农产品的加工、经营、销售等活动,这就需要高素质农民能够及时搜集市场信息,注重与市场的对接,所以,高素质农民需要同时拥有农村与城市两套知识体系。三是社会关系宽广。相对于传统的小规模、兼业化、碎片化农业生产,现代农业需要利用资本、技术等进行规模化、专业化、标准化生产经营,这就表明高素质农民除了需要传统的体力劳动以外,还要掌握更为复杂的农场运营、管理方法、市场信息等跨领域的知识和信息,这促使高素质农民在不断的学习中认识各个领域的专家、学者和同行,积累丰富的社会资本。

（五）带动能力强

乡村振兴中涌现出的农村实用人才带头人、新型农业经营主体带头人、农业职业经理人等高素质农民在思维、观念、眼界、能力等各方面都要高于普通农民,是农业创新和农民致富的"领头羊",可以通过发挥自身的示范带头作用,为农业、农村的发展带来高附加值和倍增效应,带动广大农民群众共同发展。高素质农民带动能力的发挥主要表现在以下几个方面：一是带动小农户与现代农业的有机衔接。《2020 年全国高素质农民发展报告》（以下简称《发展报告》）的数据显示,超过 60％的高素质农民通过为周边农户提供农业信息服务和农业技术指导、统一购买农资、销售农产品等方式,促进了小农户与现代农业的有机衔接,从而辐射带动周边农户[1]。二是提高农民职业的社会认可度。高素质农民通过担任政协委员、人大代表、村镇干部等

---

[1]　第三届(2020)全国农民教育发展论坛《2020 年全国高素质农民发展报告》发布词［EB/OL］.［2021-11-20］. http://www.ngx.net.cn/ztzl/gx40tx34/2020xxnmlt/xwdt/202012/t20201215_222084.html.

职务,逐步提高自身的社会影响力,改变社会对传统农民的认知,赋予农民这一职业新的内涵①。《发展报告》显示,超过15%的高素质农民获得过县级以上奖励,近20%的高素质农民担任村干部。三是高素质农民在抢抓政策机遇、整合市场信息、建设新型农业经营主体等方面能够发挥示范带头作用。现代农业是集生产、经营管理和销售于一体,需要通过科学的管理才能获得较高的生产效率与经济收益的产业,高素质农民能够根据区域资源禀赋条件和人文环境特征,运用现代科学技术和经营管理知识探索独具特色的农业经营模式,引领区域特色产业的发展。四是高度的社会责任感。高素质农民应该是有能力、有担当的农民,他们能够承担更多的社会责任。他们是国家政策性资源的对接者、多元经营主体的利益联结者,具有更加显著的经济外部性②,能够带领农民走出一条依靠技能就业、增收和成才的发展道路③。

五、高素质农民的代表性类型

现代农业的发展有三个重点,分别是生产体系、经营体系和产业体系。围绕这三大体系,农业人才可分为生产大户、农村发展带头人和专业技能服务人才等多种类型。现代农业的发展不仅使原有的生产型高素质农民在生产方面更为专业化,还衍生出多种其他类型的高素质农民,如服务型高素质农民、经营型高素质农民等。具体来说,具有代表性的高素质农民的构成如下。

(一)生产型高素质农民

生产型高素质农民是指以农业生产为职业、拥有一定的农业生产要素

---

① 李谷成.高素质农民新概念与农村双层经营体制新内涵[J].理论探索,2021(1):5-11.
② 杭大鹏,王泰群.培养造就高素质农民队伍的几点思考[J].农村工作通讯,2019(17):28-30.
③ 刘卫柏,徐吟川.小农户有机衔接现代农业发展研究[J].理论探索,2019(2):86-91.

和资源、具有一定的专业技能、有一定的资金投入能力、收入主要来自农业的农业劳动者。生产型高素质农民是掌握了现代农业生产技术，直接从事种植、养殖和农产品加工，且稳定地从事农业劳动作业的高素质农业劳动者，主要由专业大户、家庭农场主、农民合作社带头人、农业工人、农业雇员等组成。在具体的实践生产层面，包括职业的种粮、种菜、种花的农民，以及职业的畜牧水产养殖人等。生产型高素质农民拥有丰富的种植或养殖实践经验，为市场提供安全的农产品，是农产品的最基础、最原始来源，通过不断创造新的财富，实现和提高农业价值。生产型高素质农民集中在种养等生产环节，生产环节的工作对象是活的生物体。不像工厂车间里的标准化流水线生产，可以按照统一模式进行，农业生产周期性不固定、需要处理的细节多，很难有效监督，并且监督成本很高。生产环节的特点决定了农业生产比较适宜采取家庭经营方式，以家庭作为生产单位，成员利益具有高度的一致性，劳动责任心强，主动性高，不需要付出监督成本，没有磨洋工的现象，能够有效降低生产成本，提升工作效率，生产出高质量的农产品。未来，对于此类高素质农民，应重点培育各类种养专业户、家庭农场规模经营户等。

（二）服务型高素质农民

服务型高素质农民是指在农业社会化服务组织中工作，或者个体直接从事农业产前、产中、产后服务，并以此为主要收入来源，具有相应服务能力的农业社会化服务人员。随着农业生产分工的不断深入和细化，原有农户小而全的生产经营格局被打破，农业生产在走回专而精的道路，大量附属性劳动逐步从农业生产经营中分离出来，演变成为专门的职业。服务型高素质农民主要的工作领域就是为农业生产提供产前（如土地平整、机耕、机播）、产中（如除草、施肥、水利灌溉、病虫害防治、农艺改革）、产后（如机收、农产品收购、储存、烘干、运输）的各项社会化服务，以弥补农业生产经营过程中的薄弱环节，帮助农民解决后顾之忧，提高农业生产效率。服务型高素质农民的构成较为广泛和多元,既包括按月领取工资,或者实行包干制,按照完成的工作量领取工资,并以此为主要收入来源的农业劳动力,如农业雇员、农业岗位工人等专业化技能岗位的从业者,也包括各类农业机械手、代耕手、动物防疫员、农产品经纪人、农村农业信息员等专业化服务岗位的从业者[①],还可以包括为农业生产提供外围服务的各种职业群体,如为农业提供宣传、推广、指导、咨询等服务,为农业发展提供良好的舆论氛围和外在环境,间接促进农业发展的群体。服务型高素质农民提供的服务方式多元化,可以提供种子的选择和代购、代耕代种、病虫害的防疫服务,以及施肥收割的全程服务,也可以就某一个或者某几个环节提供"点菜式"服务。在农资采购、农产品销售上,通过合作经营的方式,可以批量采购,以更低的价格购买各种农资产品。在农产品销售时,合作经营可以增强话语权,避免一家一户降价销售的恶性竞争行为,减少商家之间的恶性压价,从而增加农民的收入。在农机服务基础上,各类合作社不断扩业务,为农户提供代耕服务、土地托管服务,既没有改变产权,把不利影响降到最低,又实现了适度规模经营,提升了农业效率,进而取得良好的效果。该类型的高素质农民为农业提供了各种社会化服务,不仅无地生金,创造了更多的农业就业机会,而且通过分工提升了效率,提高了农产品的品质,激发了适度规模经营的活力,促进了农业发展。未来,可以通过培训来提升该类农民的核心能力、专业知识和操作技能,以及为农业生产提供专业化服务的能力水平。

(三)经营型高素质农民

经营型高素质农民是在生产型高素质农民的基础上发展而来的,与生产型高素质农民形成互补,并且会反过来进一步促进生产型农民发展的一种高素质农民。农产品从生产出来,到变成民众餐桌上的最终消费品,中间还要经过加工、运输和销售等中介环节,为经营型高素质农民的发展提供了

---

① 徐天敏.新型职业农民的内涵及特征研究[J].农村经济与科技,2015,26(10):186-188.

广阔的空间。经营型高素质农民是就业渠道的创新，它更需要农民具有创新意识与理念，善于利用互联网服务于"三农"，拥有新理念、新思维和新技术，通过掌握丰富的市场信息，在供给和需求之间发挥中介作用，从事农产品加工、流通和销售，获取经济收益。经营型高素质农民涵盖面很广，如农业产业企业主、农业龙头企业负责人、农村专业合作社负责人、农业社会化服务组织带头人等农业发展带头人、农村经纪人等经营管理岗位的从业者。在农产品精深加工、物流运输上，比较适宜采取公司制经营，公司制经营在这些领域具有较为明显的优势。国家鼓励工商企业投资农业，促进城市的优质要素资源流动到农村，号召资本下乡，为农户、合作社提供产前、产中、产后服务，带动农户发展产业化经营。在农产品经营领域，重点是做大做强农业产业化龙头企业，增强辐射带动能力，提高产品附加值，创造出更多的利益空间。农业龙头企业的参与，可以有效延长农业产业链，做到一二三产业协调发展；农民合作社逐步开拓农产品加工流通业务，提高该类业务所占的比重，让更多的生产型高素质农民能够分享到农产品加工、物流等环节的增值收益。对于此类高素质农民，重点培养新型农业经营主体带头人、创新创业带头人和农业经理人，以提升其生产组织、人员管理、市场开拓、产品营销和风险防控等方面的能力。

第二节　高素质农民的素质

高素质农民是农业发展的未来。由于高素质农民承担的历史任务具有挑战性，故对其综合素质有更高的要求。相较于传统农民，高素质农民具有不同农业职业类型的具体素质和专业知识、技术技能、市场经营和管理服务的能力，可以是全才，也可以是专才。高素质农民不仅要懂得农业生产、经营、服务、管理等先进知识和技术，更应该具备创新性、前瞻性，能够与时俱进,顺应社会发展。只有拥有这样的高素质农民队伍,才能够加快弥合城乡"数字鸿沟",推动数字乡村建设发展,为农业农村现代化发展提供数字动力[①]。

一、高素质农民的素质要求

所谓高素质农民的素质,是指农业从业者在从事农业生产活动中所必要的基本技能与素养。有文化、懂技术、善经营、会管理是对高素质农民素质的核心要求。

(一)有文化

有文化是指高素质农民应该达到一定的文化程度,具备一定的现代农业知识和科普知识,具有适应现代农业发展的科学意识、创新意识、市场意识、竞争意识、创业意识、主体意识等,具有现代化的农业生产经营和组织管理能力。这是高素质农民素质的基础前提。农民文化水平的高低影响乡村振兴战略的实施,影响农业科技成果转化为现实生产力的效率。因此,高度知识化是高素质农民的必然要求和基本要求。

(1)具有现代文明素养。高素质农民了解国家的法律法规,熟悉党和国家对"三农"及其相关工作的方针政策,遵纪守法,遵守行规,具有较高的思想政治素质和现代公民素养;思维活跃,能够与时俱进,具有较高的民主意识、协作精神、竞争意识与抗风险的能力。高素质农民是社会转型进程中的现代人,不受传统思想和落后观念的禁锢,能够顺应市场发展趋势,视野开阔,创新意识能够满足生产优质、安全、高效、高标准化水平的现代农业产业对劳动力综合素质的要求。

---

① 郑丽,陈林."互联网+"时代下高素质农民培育的现状及对策[J].南方农业,2022,16(12):183-185.

（2）属于终身学习型群体。传统农民仅把农业看成是简单的体力劳动，凭借经验即可完成，不需要进行系统和专门的学习，故不注重人力资本投资，也没有动力投入各种先进的要素资源。而高素质农民深刻意识到现代农业对从业者的素质要求，倘若没有扎实宽广的农业知识，单凭体力和经验是无法生产和经营好现代农业的，因此，有必要进行系统的、持之以恒的学习，与时俱进，不断更新知识。高素质农民的来源较为广泛，有回乡创业的外出务工者，有在农村创业的大学生，有农村致富能手，这些群体不仅视野开阔、思维活跃、知识面宽，接受过系统性的农业教育培训，对新事物敏感、学习能力强、善于消化吸收、开拓创新，能够将其他行业的经营理念、管理方式、技术手段、商业模式灵活运用到农业领域，而且有着远大的理想和抱负，具有兼容并蓄的开放心态，有专业的生产技能、市场风险意识，能不断地自我发展和提升，以满足发展现代农业的需要。毫不夸张地说，高素质农民的活力来源于对新事物的终身学习，以此推动农业转型升级、提质创新。

（3）具备较高的文化水平。传统农民文化层次低，文盲、半文盲比例很大。高素质农民具有较高的学历和知识水平，具备现代农业的发展理念和市场意识，能够主动接受各类新理念、新知识、新观点、新方法，拥有较高的技术与管理水平；懂得关注市场、分析市场、适应市场，以市场需求为导向，重视投入和产出的关系比例，合理有效地配置资源，提高资源要素的使用效益，降成本、增产量、保质量，不断提高农业的综合效益。现代农业发展科技含量高，市场信息千变万化，对高素质农民的综合素质提出了较高的要求，需要其不断地学习，具备现代科学文化知识，掌握先进的农业机械操作方法和农业生产技术，及时了解、追踪和准确判断市场信息，制定正确的生产经营决策，根据市场行情的变化进行灵活的调整。此外，有的有较高文化水平和专业技能的高素质农民还拥有相关的职业资格证书。

（二）懂技术

懂技术是指高素质农民具有较高的科学素养，掌握一定的农业科学技术知识、劳动经验和生产技能,并且具备较强的学习能力,善于学习先进的科学文化知识和技能。这是衡量高素质农民的重要标准。高素质农民是乡村振兴战略的实施主体和现代农业的建设主体,应该树立较先进的农业科技意识,具备较为丰富的现代农业科学知识和先进的农业科技敏锐力,并将其掌握的农业技能熟练地运用到农业生产中。传统农民由于没有接受过有组织的、正规的、系统的、专业的农业技能培训,生产经验来自自己的生产实践或者上一辈和周围人的示范教育,没有太多技术含量。而在传统农业向现代农业转型的过程中,现代化生产的理念和机械的运用加速了农业分工细化,分工越来越细,专业性越来越强,科技含量越来越高,对从业者素质和能力的要求也在提高。而且,农业在三产融合的带动下,产业链越来越长,农业生产的全过程不断被细分,传统农民从头到尾全程负责的模式显然不能适应现代农业形势,农业生产的全过程不断进行细分,于是某个具体的高素质农民就只负责其中的某个或者某几个环节,从事更加专业、精细的工作。例如,生产型高素质农民掌握现代农业生产知识和专业技能,能够熟练操作各种先进的农业机械设备,懂得基本的设备保养与维修,能做到全程机械化作业,具有较高的农业生产技能水平,这是生产型高素质农民的基础特征。生产型高素质农民只管种,不管销,这样就能将农民最擅长的种植技术发挥到极致,生产出最具经济效益的农产品。此外,产业链延伸还创造了更多的农业服务、经营和管理等方面的工作岗位。高素质农民顺应了农业产业链延长的发展趋势,把农业生产经营的环节划分成不同的工种,进行了分工,缩小了范围,使各类农民在农业产业链条中各司其职,精益求精,体现了专业化的特征。现代农业的分工需要每个高素质农民在其所在岗位的技能方面高、专、精,以配合其他从业者一起完成工作。因此,对农业的每一个环节的分工要求都十分具体。农业单一岗位技能的高、专、精要求就是专业化的体现,也是现代组织形式对专业化的要求。高素质农民唯有具有自己的一技之长,有稳定的技能和业务水平,甚至有国家认可的执业资格证书和能够代表其专业水平高低的专业技术等级证书，才能实现科学生产，提高生产效率，承担起乡村振兴战略实施的重要任务。

（三）善经营

善经营是指具有较强的经营管理能力、敏锐的市场意识和洞察力，能够主动适应市场变化和了解市场信息，合理组织配置人、财、物、土地以及信息等资源要素，甚至摸索出一种较为成熟的经营模式。善经营要求高素质农民面向市场，具备较强的市场分析、判断和预测能力，根据市场信息和需求来灵活选择、决策、发展、运作农业产品和项目。于是，经营者所占比重会越来越大，经营范围也在不断扩大。然而，种植农作物只是基础性的工作，能够把农作物顺利销售出去，才能变成收入，获取经济收益。因此，在以满足市场需求为导向的现代农业生产形势下，高素质农民不仅要具备农业生产技能，同时也要积极参与市场的资源配置，具备较强的经营和管理技能以及抵御风险意识和市场意识，这是现代社会行业分工和交叉对高素质农民提出的新要求。当前，高素质农民生产经营模式发生了很大的变化，已经不再是原子化的生产个体，而是被纳入现代组织形态之中，通过现代农业产业体系、经营模式和组织体系的引领和带动，不断提高农业生产技术的标准化、品牌化和科技化程度，以适应市场对优质高效农产品的需求。由此可见，以市场为导向的会经营、善管理，是推动农业结构转型升级的重要促进力，经营型的高素质农民在此过程中要发挥好引领作用。

（四）会管理

会管理是指以市场为导向，以获利为目的，运用丰富的科学文化知识和实践经验，从本地的客观实践出发，根据本地农产品的特点，对市场行情和发展规律作出预判，不断进行各类生产要素的投入，如购置农机具、蔬菜大棚等，实行适度规模经营。为了获得更多的利润，高素质农民就必须紧跟市场需求，发展各种创意农业，这样不仅自己能发家致富，而且还能在当地形成有特色的产业,带动本区域农民共同富裕。在此过程中,高素质农民的管理水平就直接关系到能否获利以及获利多少。再加上农业属于弱势产业,没有较高的综合素质就无法取得高额的回报,于是,对高素质农民的素质就提出了很高的要求,要求高素质农民除了要具备较高的文化水平和学习能力,掌握农业生产管理方面的专业知识外,还必须在农作物生产、管理,农产品服务、加工和销售领域,以及农业运输流通保鲜等管理领域拥有专业化、丰富的管理经验以及较强的实践能力。具体来说,会管理突出表现在以下三方面:一是善于利用信息自媒体。高素质农民是伴随互联网发展成长起来的年轻一代,互联网融于日常生活和生产经营的全过程,渗透到日常生产生活之中。高素质农民可以运用微信、微博等互联网工具进行产品营销,将生产端与消费端直接对接,减少中间环节和流通成本,从事的是"指尖上的农业""鼠标农业"。二是有品牌意识。高素质农民有敏锐的市场洞察力,有强烈的品牌意识,懂得走品牌路线,从而避免低端产品的恶性竞争;以自媒体为主要阵地,善于设计和推介时尚潮流、个性鲜明、辨识度高、与消费者消费观念契合度高的个人及产品标识,打造出有知名度的农产品新锐品牌。三是有机联结生产经营环节。随着农业专业化和分工进程的加快,农业产前、产中和产后需要更多的专业服务,会管理的高素质农民则瞄准商机,把农产品生产、经营环节有机连接起来,整合成具有一定规模效应的联合体,填补传统农业模式下遗留的空白领域,为农业产前、产中和产后提供各类专业化的服务,通过农民合作社等社会组织的发展,建立与农民的利益联结机制,加快农业专业化进程,推动农民职业化发展。

二、高素质农民素质模型的构建

(一)素质模型的涵义

素质模型(competency model)又称胜任力模型、能力模型,是对为完成某项工作、达成某一绩效目标所要求的一系列不同素质或素质要素（包括不同的动机表现、个性与品质、自我形象与社会角色特征以及知识与技能水平等）组合的形式化描述。

构建素质模型主要是为了通过研究人的素质构成及特点，以构建相应的指标体系来评价人才，进而以评价结果为基础招聘或任用人才、选拔人才以及培养（培训）人才。国内外一些学者根据素质的特征构建了不同的素质模型。其中，最具代表性的素质模型主要有洋葱模型和冰山模型。洋葱模型是由美国学者 R.博亚特兹提出的素质模型，该模型形象地把人的素质特征比喻为洋葱，分为显性外层因子和隐性内层因子。其中：内层因子包括个性与动机、自我形象、社会角色，外层因子则是指知识与技能。冰山模型是美国著名心理学家麦克利兰于 1973 年提出的素质模型，后来美国学者莱尔·M.斯潘塞和塞尼·M.斯潘塞从特征的角度对该模型进行了进一步的研究。冰山模型将人员个体素质的不同表现划分为浮在海面的冰山以上部分和深藏在海面以下的冰山以下部分。其中：冰山以上部分包括基本知识、基本技能，是外在表现，是容易了解与测量的部分，相对而言也比较容易通过培训来改变和发展；冰山以下部分包括社会角色、自我形象、特质和动机等，是人内在的、难以测量的部分，它们不太容易因培训等外界的影响而改变，但却对人员的行为与表现起着关键性的作用[①]。国内对素质模型的研究起步较晚，学者们大多借鉴国外成熟的模型构建特定职业或群体的素质模型。

（二）高素质农民的素质模型

本书依据国外的相关素质模型理论，结合国内现有的研究成果，从高素质农民素质的核心要求出发，认为高素质农民素质模型主要由基本素质、能力素质和情感素质三个方面构成。

---

① 匡兴华,吴东坡.关于素质教育几个相关概念的辨析[J].高等教育研究学报,2010,33(1):12-16.

1. 基本素质

基本素质是指高素质农民先天具备的基础素质,以及在后天的教育、生活和生产劳动中逐渐习得的与其职业要求相符的知识、技能及能力。基本素质反映的是高素质农民的素质基础以及从事现代农业生产所应具备的基本知识等,具体包括专业素养、道德素养、生态素养、法律素养、信息素养和政策素养。其中,专业素养主要反映高素质农民系统接受专业教育和掌握理论知识的程度。道德素养主要指高素质农民所必须具备的职业道德以及社会公德,这里主要是从道德层面对高素质农民提出素质要求。生态素养是高素质农民基本素养中的一个重要方面,也是其区别于传统农民的重要标志,是指高素质农民在经营现代农业的过程中所必须具备的生态环保意识和行为。这既要求高素质农民对生态知识、环保知识等有所了解,而且要求其在农业生产过程中,自觉保护环境,主动使用生态农资等。法律素养是指高素质农民对基本的法律知识,尤其是与农业生产、经营、管理相关的法律和行政法规的熟悉、掌握程度。这主要是考察高素质农民懂法、守法以及维权的意识。信息素养是反映高素质农民是否具有信息意识,对信息重要性的认知程度以及自觉运用这些信息从事现代农业生产、经营和管理的程度;能否通过网络进行信息获取、制订生产计划和开展营销是衡量高素质农民是否具有良好信息素养的重要尺度。政策素养是农民开展现代农业生产经营与决策的重要依据,善于充分、灵活地运用国家政策从事农业生产是现代农民的重要特征。

2. 能力素质

能力素质是高素质农民素质结构中的关键能力,反映了高素质农民所具备的从事现代农业生产以及获得高收益能力的综合素质,主要包括生产经营能力、管理能力、市场营销能力、风险承担能力、示范辐射能力、创业能力和继续学习能力。

(1)生产经营能力是指高素质农民从事现代农业生产并获取收益所需

的专业技术和经营能力。一般来说,高素质农民的经营规模、经营种类、农业资源占有量等能够体现其生产经营能力,而农业年产值或者经济效益则是高素质农民生产经营能力最直接的反映。

(2)管理能力既指现代职业农民对具有相当规模的农业生产的管理能力,也指在现代农业企业或者家庭农场等新的经营主体条件下对所雇佣的农民的管理与协调能力。该能力是衡量涉农企业主、家庭农场主、现代机械作业负责人等个体是否具有管理企业、家庭农场和延伸农业产业链条所需基本能力的指标。

(3)市场营销能力主要考量作为一个现代农民,获取、筛选信息以及利用有效市场信息进行现代农业生产决策和获取最大收益的能力。

(4)风险承受能力主要是考察农民个体利用新技术、新品种提高农业生产效益,同时能够对市场风险具有前瞻性估计,以及当受到市场冲击时承受风险打击的能力。高素质农民相较于传统农民的一个重要区别就是风险承担能力不一样。

(5)示范辐射能力是对高素质农民榜样作用和收益外溢效应的要求。高素质农民不仅其个人能够发家致富,而且能够在新技术、新品种的应用方面起示范带头作用,能够对一定范围内的周边农户接受和应用新技术等产生影响,从而产生农业科学技术应用的外溢效应。

(6)创业能力是高素质农民现代性的核心标志。高素质农民应该具有积极开拓和创新创业的能力。具有创业能力的农民一般具有前瞻性的思维,对国家政策的感知比较敏锐并善于应用,对市场需求具有较强的把控能力。

(7)继续学习能力要求高素质农民具有一定的文化与专业技能基础,能够根据事业发展需要,通过各种途径进行学习,从而提升自己的生产经营与管理能力,真正做到在现代农业生产经营过程中与时俱进。

3. 情感素质

情感素质是反映高素质农民对农民职业的认识，以及将其作为一项事业长期从事的意志，并在过程中享受到事业奋斗的成就感、快乐感。它主要包括职业认同、职业精神和职业期望。

（1）职业认同是指发自内心地认为从事农民这一职业具有重要的价值，并在从业过程产生从业的志趣。是否认同农民这一职业，直接影响着人们的职业选择性。对新一代农民而言，对职业的认同性意义尤其重大。

（2）职业精神主要是反映个体长期从事农民这一职业，积极进行现代农业生产的坚强意志，并从中逐渐产生敬业、乐业的精神。

（3）职业期望是指农民对于从事现代农业生产所寄予的物质上的收益和精神上的享受。

第三节　高素质农民的重要价值

高素质农民是乡村人才的重要组成部分，是新时期乡村振兴的主力军，也是未来中国农业的建设者和接班人，承载着中国农业的发展希望，是解决"谁来种地"和"如何种好地"的关键，是实现"三农"中国梦的推动力量。乡村振兴战略的实施和现代农业的发展离不开人才队伍的引领和支撑，尤其需要有一批高素质农民作为保障。高素质农民在乡村振兴中的作用主要表现在引领产业、传承文化、维护生态、连接组织等方面。高素质农民在农业农村改造中，充分利用自身的社会资本、人力资本和内生性权威对接政府和市场资源，将原子化的小农组织起来，带领他们建设新农村、发展现代农业，通过专业化、规模化生产提高农业生产经营收入，实现乡村振兴。为促进乡村振兴战略实施、现代农业发展和高素质农民培育工作健康有序推进提供决策参考，根据科教兴农、人才强农、高素质农民固农的战略要求，应通过高素质农民的培育,着力培养一支有文化、懂技术、善经营、会管理的人才队伍①。

一、高素质农民是乡村产业振兴的先行者

产业兴旺是我国在突破农业资源环境制约,实现农业供给侧结构性改革和农业现代化发展,以及应对农村经济新矛盾背景下提出的乡村振兴根本之策,是增加农民收入、解决农村剩余劳动力就业、促进城乡要素融合、增强农村造血功能的重要途径②。乡村新产业、新业态的发展离不开一支数量足、质量高、结构优的高素质农民人才队伍的支撑。然而,随着城镇化的快速发展,农村大量优质劳动力外流,农村高素质人才短缺已然成为乡村产业振兴的短板。因此,亟须一批高素质农民立足区域资源禀赋和区位优势,整合市场资源,对接政府政策性资源,连接多元经营主体,调整传统的产业结构,发展集聚现代化的新产业和新业态,增强乡村的市场价值活力,促进乡村经济繁荣,从而实现从乡村资源优势向乡村经济优势的转变。

二、高素质农民是乡村文化振兴的传承者

文化是实现社会有效治理的精神力量。乡村文化作为乡村秩序的潜在基石,为农民在乡村生活中的思维逻辑与行为选择提供了依据。费孝通先生认为,乡土社会秩序的维护,在很多方面不同于现代社会秩序的维护。乡村社会是一个礼治社会,它依靠的是无形的文化传统而不是有形的权力机构来维持社会秩序③。然而,在市场经济的冲击下,农民开启了离土离乡的

---

① 鲁文普.盘州高素质农民培育初探[J].农技服务,2022,39(2):116-118.
② 郭俊华,卢京宇.产业兴旺推动乡村振兴的模式选择与路径[J].西北大学学报(哲学社会科学版),2021,51(6):42-51.
③ 费孝通.乡土中国[M].上海:华东师范大学出版社,2018:50-52.

务工生活,农民在乡村社会中的不到场现象导致内生于乡村社会的文化生态日渐衰微,失去了内在均衡与自我调节的动力机制,难以保持以往自我维持与自我发展的封闭状态。因此,文化振兴是乡村振兴无法绕过的一环,而作为乡村主体的高素质农民在乡村社会的长期发展中塑造了乡村文化与乡村秩序,无疑应是乡村文化的传承者与守护者。

三、高素质农民是乡村生态振兴的维护者

2020 年中央一号文件强调,治理农村生态环境突出问题,构建和谐的生态环境,实现乡村生态振兴,是美丽乡村建设的重要任务①。然而,随着农业资源的长期透支、过度开发,农业资源污染加重,农业生态系统退化,我国农业发展面临资源条件和生态环境两个"紧箍咒"②。经济的快速发展在一定程度上超出了环境、资源和生态的承载能力,因此迫切需要加快农业发展方式的转变,改善人与自然的关系,这就离不开作为乡村环境主要受益者的农民主体的支持,需要充分调动高素质农民在农业生产生活中科学利用乡村生态资源的积极性,践行生态理念,积极主动维护乡村生态环境,实现全体农民"生态人"身份的转变。

四、高素质农民是乡村组织振兴的参与者

我国乡村振兴的实践中之所以出现一旦停止对乡村政策、资金、技术等的外部输入,乡村发展就立即停止甚至打回原形的问题,是因为乡村作为一

---

① 新华社.中共中央 国务院关于抓好三农领域重点工作确保如期实现全面小康的意见[J].中华人民共和国国务院公报,2020(5):6-12.
② 中国新闻网.农业部长:农业资源长期透支过度开发四海无闲田[EB/OL].[2022-11-20].http://news.sohu.com/20150914/n421082020.shtml.

个系统，其振兴的瓶颈在于组织要素的瓦解与匮乏。习近平总书记强调，要推动乡村组织振兴，发展农民合作经济组织①。一方面，高素质农民凭借自己的经济资本、人力资本和社会资本，积极采用农业生产的新机械和新技术，引进新产品和新模式，面向市场搜集信息，采取规模化、专业化、标准化的生产经营方式，打破了小农经济的范畴。他们在生产经营过程中经常需要发挥他们的内生性权威，利用熟人社会和关系网络把分散的农民组织起来，成立专门的合作组织或者雇佣农民生产经营，有效克服传统农业生产中农民生产技术落后、信息闭塞、农业收入低等问题。另一方面，高素质农民是农村基层干部的主要来源，对周边农户起到了辐射带动作用。由此可见，高素质农民是连接农户与新型农业经营主体之间的纽带，通过高素质农民的有效衔接，可以将分散的农民组织起来，有助于乡村振兴的实现。

第四节　高素质农民的来源与组织载体

解决好高素质农民的来源问题是建立高素质农民培育制度的基础性环节。近年来，受外部经济环境变化影响，一些非农企业家改变投资领域，转投农业；一些返乡大学生和农民工则改变就业方向，回归农村。这些群体，加上多年以来从事着农业生产、技术工作以及农村经营管理工作的农村种养能人、农技人员、村镇干部，共同构成了高素质农民的群体来源。高素质农民的来源是多元化的，只有大批有志于农业的有文化、有技术的年轻人从事农业，并通过他们的聪明才智取得了社会平均水平甚至更高水平的收益，才能使高素质农民的队伍不断扩大，从而更好地实现农业现代化。

---

① 中国日报网.习近平要求乡村实现五个振兴[EB/OL].[2022-11-20].https://baijiahao. baidu.com/s? id=1606122290926418150&wfr=spider&for=pc.

一、高素质农民的来源

从理论上讲，乡村人才来源应该是开放的，凡是愿意为乡村作出贡献的人都可以成为乡村建设的人才。乡村振兴对人才的需求是综合的，既需要产业人才、技术人才、文化艺术人才，也需要建筑人才、管理人才，单一的人才来源无法满足乡村建设的需要。在多元和开放的人才来源中，哪些人才最容易留得住、用得上、有所作为呢？总结乡村人才振兴经验，从农村实际看，就高素质农民而言，以下三种来源的人才最有可能成为高素质农民。

（一）本土人才

1. 农村种植养殖能人

近年来，由于政府农业政策的鼓励扶持，种养能人群体逐渐发展壮大。在这类主体中，虽然大部分人的文化水平较低，只有初中及以下文化程度，也有很多人没有任何外出打工、经商或创办企业的经历，但是他们有承包地，有农业农村情怀，农业生产经验丰富，创造力很强，凭借多年来从事农业生产摸索积累的经验，对农事作业的专注热忱，以及实干精神，从小规模传统农户发展成为专业种养大户，又充分利用各级政府的资助扶持政策，把握机遇，组建农民合作社或者成立农业企业，并成为农村实体经济组织的负责人。因此，把他们培养成家庭农场经营者、农民合作社带头人、乡村致富带头人或农业科技能手，有很好的基础。调查表明，在乡村从事农业生产经营的 40 多岁和 50 多岁的农民，是承上启下的重要群体，不仅留得住、用得上，还会影响下一代的职业选择，能够为农业后继者培养创造条件。而且，当我们把农业经营人才的标准向着解决实际问题靠拢的时候，就会发现在农民身上蕴含着无穷的创造力。发现他们，培育他们，为他们的成长创造良好的环境，乡村内生动力和活力就会释放出来。

2. 农村干部带头人

有过村干部任职经历的职业农民带头人一般年纪较大,在年龄上主要为45～55岁和55～65岁这两个阶段的,并且他们是通过村民民主选举的在当地又比较有威望。这些农村干部带头人由于以往职业经历,相对其他群体更加了解国家和地方政府有关农业的发展政策,更能从整体上把握所在地农村农业实际情况,因此在农业经营领域更加能把握政策机遇,具有发展成为专业大户,组建合作社或者注册农业企业,并担任这些组织负责人的先天优势。

(二)人才返乡

大多数城市人是乡村走出来的,或者他们的祖辈是从乡村走出来的。因此,在叶落归根、告老还乡、反哺桑梓的传统文化的影响下,很多人有浓浓的乡土情怀,他们愿意到乡村去,为自己的家乡作贡献。这部分人包括从乡村进城市发展,成为官员、学者、企业家的人,也包括从乡村走出来的打工者、创业者。他们有知识,有文化,有资金,有见识,有管理经验,又具有为家乡作贡献的情怀。他们中的一些人有返乡创业的愿望,支持他们流转荒地兴办家庭农场、领办合作社,可以获得事半功倍的乡村人才培养效果。

1. 返乡创业的农民工

这类群体主要是进城务工农民,他们在放弃或失去城市非农就业岗位之后,重新选择回乡务农创业。这一群体年龄多在 35～45 岁,多数人有过城市打工经历,有过经商或经营企业经历的人较少。农民工离开城市回归乡村,主要是企业家缩减在非农产业上的投资所带来的城市工商业就业岗位减少的必然结果。回乡农民为了寻求新的谋生之路,必然有一部分人会选择根据以往从业经验,通过加入新型农业经营主体等方式尝试进行农业经营创业。

2. 回归基层创业的大学生

近年来,受国家鼓励大学生担任村干部政策的推动,毕业大学生就业观的改变,以及城市就业形势不佳的影响,毕业选择回流农村基层的大学生逐年增加。在职业农民群体中,有一定比例的没有任何非农就业经历的群体具有大专或以上文化水平。这其中有一部分是老农技员,长期以来从事基层农技推广工作,其余便是近年来毕业回归农村的大学生群体。尽管总体来看,这类群体仍然数量不足、比例不高,但在各类高素质农民中代表着发展的方向和希望。

近些年,新乡贤在很多地方成为乡村人才振兴的重要来源和乡村振兴的重要力量,在实践中涌现出很多一个新乡贤改变一个村庄面貌的典型。因此,重视新乡贤群体的存在,从政策、制度和体制机制上给愿意返乡的人留下一条返乡的路,引导他们为自己家乡做出力所能及的贡献,通过他们的示范作用影响和教育更多的人,不失为乡村人才振兴的有效途径。

(三)人才下乡

乡村振兴需要各类人才,靠乡村自然形成的人才结构难以满足现代乡村发展需要。因此,制定各类为乡村振兴服务的人才促进与鼓励政策,就显得十分重要。就新型农业经营主体而言,尽管通过人才下乡成为高素质农民的比例很小,但其示范作用却十分显著。近些年,有一批被称为"新农人"的群体,他们放弃城市生活,怀着深厚的乡村情怀与农业责任,自愿、自发到乡村承包耕地,发展高效农业,推广有机种植,兴办农业企业,在理念和技术普及方面具有十分重要的示范效果。而且,国家也鼓励和引导工商资本下乡助力乡村振兴,强调在尊重农民主体地位的同时,多办农民办不了、办不好的产业,特别是在种业、加工物流业、新型服务业、科技创新等领域。例如,转移投资于农业的企业家。这类群体主要是指那些退出非农产业转而投资农业的企业家,其中也有一部分是早期农民外出在非农行业创业后又回归农业的企业家。目前,年龄为45~55岁的企业经营者,多半具有创办企业实体的经历,其比例也高于在其他非农行业有就业经历或者担任过村干部人群的比例。这些非农企业家转变投资产业的原因主要包括：一方面，是受近年来外部经济不景气的影响；另一方面，是得益于国家和地方政府针对农业、农村发展出台的一系列补贴扶持政策①。

二、高素质农民的组织载体

高素质农民的来源是从个体层面上来分析的，如果从组织载体的层面上论述，则可以探讨各种不同的新型农业经营主体。这些新型农业经营主体的范围不仅包括农业生产环节的组织，而且还包括农产品流通、销售与服务环节的各种组织、中介组织及其联合体。这些新型农业经营主体在实际运行中，侧重点和主打方向不尽相同，彼此之间不互相排斥，也无高低、优劣之分，成为一个互为衔接的有机整体，既能独立运行，又可以多种形式并存、组合，形成充满活力的新型农业经营体系。随着农民进城落户进程的加快，土地流转促进了适度规模经营，各类新型农业经营主体在未来将会有很大的发展空间，会成为高素质农民的中坚力量。原子化的个体有利于统治，但不利于管理，个体化的高素质农民，借助于各种组织载体，可以提高组织化程度，减少管理成本。因此，提高高素质农民的组织化程度，能够更好地维护和实现好自身的各项合法权益，反过来促进高素质农民的进一步发育和壮大。

（一）专业大户

专业大户是指家庭劳动时间大部分用于农业中的某一产业，且收入占全部收入80％以上的纯农户②。从现实来看，专业大户是由传统小农户逐步成长起来的，且大多数围绕着某种农副产品从事专业化经营，经营规模明显

---

①　朱启臻.人才振兴中的高素质农民队伍建设[J].农村工作通讯,2021(12):45-47.
②　楼栋,孔祥智.新型农业经营主体的多维发展形式和现实观照[J].改革,2013(2):65-77.

超过传统小农户,而且具有较高的经营水平①,主要是从事种植业和养殖业,有时也称种养大户,在具体的经营面积上没有形成严格的标准,边界比较模糊,不同地区、行业的种养大户标准差别比较大。

(二)家庭农场

家庭农场是以家庭成员为主要劳动力,从事专业化、集约化、规模化和市场化的经营活动,并以农业经营收入作为家庭收入主要来源的新型主体,具有家庭经营、规模适度、运营市场化和管理企业化等四大显著特征②。家庭农场的经营主体是家庭成员,通常不雇工或者少雇工,有一定的规模,这是其区别于普通农户的最重要的标志。中国区域之间资源禀赋的差异巨大,种植的农作物品种不同,难以对家庭农场形成全国统一的标准,但不同的省份有一些具体的规定,可以作为一种参考。如吉林省延边地区确立了对家庭农场的两个标准:一是土地经营规模在 30 公顷以上;二是在工商局注册,将其作为企业进行管理②。由此可见,家庭农场的认定标准,一个是经营规模,另一个是登记注册,这两个指标在全国都具有代表性。各个地区在家庭农场的判定标准上,都对土地种植面积或牲畜水产养殖数量达到一定的规模提出了要求。学者刘奇提出,我国平原地区耕作大田作物的家庭农场一般不宜超过 300 亩③,蔬菜规模不宜超过 30 亩④。专业大户同家庭农场与传统小农生产相比,在规模上有所扩大,实行适度规模经营,有助于农户优化农地产出与改善经营条件⑤,更有动力去购买大型农业机械设备,在农业生产中广泛应用新技术,以专业化生产和市场化运作为目标,增加资本、

---

① 刘勇,胡仲明,邱和生.江西培育新型农业经营主体问题研究[J].江西行政学院学报,2015,17(1):63-68.
② 郭庆海.新型农业经营主体功能定位及成长的制度供给[J].中国农村经济,2013(4):4-11.
③ 1 亩约合 666.67 平方米.
④ 刘奇.家庭经营是新型农业经营体系的主体[N].农民日报,2013-06-01(003).
⑤ 贾生华,田传浩,张宏斌.农地租赁市场与农业规模经营:基于江、浙、鲁地区农业经营大户的调查[J].中国农村观察,2003(1):37-45,80.

技术和人才等生产要素的投入，通过规模经营获得较高资本积累。而规模化的机械化农场不仅可以提高农业生产要素的效率，如劳动力、水利设施、农业机械满负荷工作效率，也有助于提高农场的议价能力[①]。专业大户、家庭农场作为农业领域规模化生产的主体，承担着农产品生产尤其是商品生产的功能，关系到国家农作物的安全，对小农户生产经营起到了良好的引导和示范作用，带动传统小农和兼业农民采用先进科技和生产手段，增加技术、资本等生产要素的投入，推动传统农业加速转型升级为现代农业，不断提高农业生产的集约化水平。

（三）农民专业合作社

农民专业合作社是农民在家庭承包经营基础上，按照自愿联合、民主管理的原则组织起来的一种互助性生产经营组织[②]。农民专业合作社具有非常重要的功能：一是经济功能。农民合作社实行农户间的合作与联合，按照自愿的原则，农民可以加入或者退出合作社，合作社成员在购销、生产、加工、物资、资金和技术等方面实行互助合作，扬长避短，功能互补，提高农户生产的集约化水平。二是互助功能。农业生产以家庭经营为基础，遵循生产在家、服务在社的基本原则，成立专门的农机服务队、农技服务队和农资服务队，为社员提供产前、产中、产后各方面的服务，形成一个有机联系整体，有利于把分散的小农户组织起来并有效对接市场。三是社会功能。农民合作社在组织散户、带动大户、对接企业、联结市场等方面的成效明显，是有效联结分散小农和现代市场之间的桥梁，可以成为引领农民进入国内外市场的主要经营组织，发挥提升农民组织化程度的作用。通过组织化程度的提升，可以形成合力，对外协调一致，为农民提供生产指导、权利维护、社会诉求等方面的服务。当然，目前合作社的多种功能没能得到有效发挥，尤

---

① 韩俊.土地政策：从小规模均田制走向适度规模经营[J].调研世界，1998(5):8-9.

② 张照新，赵海.新型农业经营主体的困境摆脱及其体制机制创新[J].改革，2013(2):78-87.

其是社会功能受到限制,削弱了合作社的实际作用,降低了农民加入合作社的积极性。

(四)农业龙头企业

农业龙头企业是通过订单合同、合作等方式带动农户进入市场,实行产加销、贸工农一体化的农产品加工或流通企业。与其他新型农业经营主体相比,龙头企业具有雄厚的经济实力、先进的生产技术和现代化的经营管理人才,能够与现代化大市场直接对接。随着人民群众生活水平的提高,人们的消费方式在转型升级,对农产品提出了更高的要求,绝大部分农产品从实际的消费使用情况来看,都要经过初级加工或精深加工才能最终进入消费领域。农产品在加工的过程中,附加价值得到了不断提升,于是,使得农产品加工、销售企业在获得巨大的发展空间的同时,也给高素质农民带来了利益空间。在整个农业产业链条分工体系中,农业龙头企业根据功能定位可主要分为在以下三类:一是农业生产企业。这类农业龙头企业直接从事农产品生产,一般都是生产价格高、质量好、市场潜力大的农产品,往往走的都是高端消费路线。二是农产品加工企业。这类企业对农产品进行初级加工或者深加工,提升农产品的附加值,以订单的方式与农民合作社或农户合作,采用农业产业化经营,引领和组织农民进入市场,在农业产业链延长中更好地实现了农民的利益。三是农业服务企业。农业服务企业按照市场定价原则,以有偿的方式为农户提供各种农事作业服务,满足农业服务社会化的需求。农业服务企业提供的服务涉及产前、产中、产后的所有环节,包括整地播种、农田设施安装、植保和收获、储存与运输等。总体来看,农业龙头企业在产业链中更多集中在农产品加工和市场营销等环节上,并利用先进的设备和技术优势为农户提供产前、产中、产后的各类社会化服务。

农业龙头企业是农业新型主体中各类先进生产要素的集大成者,聚集着先进的现代生产要素,能在盈利水平、科技含量、规模效应、品牌建设、经营管理等方面发挥更大的优势,辐射带动传统农户、兼业农民,成为推动我国现代农业发展的骨干力量。农业龙头企业借鉴现代企业管理模式,采用社会化生产的方式,与生产型职业农民分工合作,优势互补,把第一、二、三产业有机融合起来,延长农业产业链,增加农业附加值,引领农户以市场为导向开展生产,担负起市场组织者的作用,拓展了高素质农民的发展空间和施展舞台。

（五）经营性农业社会化服务机构

经营性农业社会化服务机构主要是指那些帮助农户采购化肥、农药、薄膜等农用物资的运销组织,种子服务公司、农技推广组织、病虫害预防组织,饲料生产和供应的专业化服务公司、企业,农机经纪人、农机维修、推广、人员培训的农机服务联合社,供销合作社,商贸、金融等涉农部门,主要为农业供应生产资料,收购、加工、运销、出口农产品,提供集资贷款等服务。

经营性农业社会化服务组织的出现,一方面,有助于提高农业生产率。经营性农业社会化服务机构能够帮助农民解决一家一户办不好的事情,为农业生产经营提供配套服务,促进农业的专业化分工,缩短农业劳动时间,降低农业生产经营成本,提高资源使用效益。另一方面,有助于促进农业机械化。对于小农户来说,购买农业机械的生产成本高。加之农业生产的季节性强,造成农机的闲置期长、利用率低、投资浪费大。因此,倘若小农户将农机作业交给农机服务队,不仅能够节省农户购买和维修农机的费用,也能提高农机的使用效率。

综上所述,高素质农民组织载体的类型及其功能见表 1-2。专业大户、家庭农场、农民专业合作社、农业龙头企业、经营性农业社会化服务机构等高素质农民组织载体的不断涌现,为中国农业现代化的发展提供了坚实的支撑。伴随着存在于各种组织形态中的高素质农民数量的逐渐壮大,将推动着中国农业不断向前发展。

表 1-2　高素质农民组织载体的类型与功能

类型	产业链中的主要环节	主要生产经营特点	主要功能与目标
专业大户	生产	以某种农产品的专业化生产为主,实行规模经营,农产品的商品化程度较高,产品销售上处于被动地位	改变传统的零散种植养殖作业模式,发挥对小农户的示范效应
家庭农场	生产、销售	以家庭劳动力为主,以农业为主要收入来源,具有法人地位,生产经营规模适度,商品化、专业化水平较高,设施装备和生产技术较先进,在农产品销售上具有一定的讨价还价能力	调动以家庭为单位的农业劳动者的生产积极性,提高农民收入,发挥对小农户、专业大户的示范效应,并努力成为未来中国农业经营的基本主体
农民专业合作社	产加销、融资及生产性服务	重视农户间土地、劳动、资金、技术等方面的合作,从事部分农产品的生产及初级加工,负责集中统一购买农业生产资料,提供农业生产环节相关的技术服务。在农产品销售上,与农贸市场、超市、企业对接,有效扩大流通范围,降低交易成本,甚至直接进入社区建立销售网点,缩短供应链,实现农产品增值环节收益的内化	克服小农户的弱势地位,具有市场中介、产业链延伸、社会服务和分散风险等功能,有利于农户组织化程度的提升;使得农户交易成本降低、交易地位改善以及收入增加,是引领农户走向市场、参与竞争的主要经营组织
农业龙头企业	种业及商品化农产品的产销及生产性服务	具有雄厚的技术、资金及人才优势,直接对接现代化大市场,并通过利益机制和契约形式与农户衔接,为农户生产提供农资、机耕、统防统治等产前服务,植保、养殖等产中技术指导,产后农产品的收购等各项服务,或者专门从事种植养殖业生产、农产品加工或产加销一体化,实现农产品生产者与消费者的有效对接,并逐步走向国际化	提高农业生产经营的规模、专业化、商品化以及组织水平;增强农产品的市场竞争力,扩大农产品的销售网络;加快农业市场化进程,即建立和完善农业产业体系,延伸农业产业链,实现产加销的一体化
经营性农业社会化服务机构	农业社会化服务	为农业生产的产前、产中和产后各环节提供相关的服务,包括生产资料的采购、土地流转、农机作业、技术指导、病虫害防治、金融服务、信息服务、统防统治、抗旱排涝等,以及农产品运输、加工、储藏、销售等方面的服务和指导	为农业生产经营提供综合配套的服务,进一步促进农业内部的专业化分工,帮助农民解决一家一户难以办好的事情,以降低农业生产经营成本,提高农业生产经营活动的科学性和效率

第二章 高素质农民培育：
乡村振兴的新动能

农业、农村、农民问题是关系国计民生的根本性问题。乡村振兴战略，是党中央对"三农"工作的重大决策，是全面建成小康社会、全面建设社会主义现代化国家的重大历史任务，具有里程碑的意义。因为只有实施乡村振兴战略，把"三农"问题彻底解决好，才能为全面建成小康社会补齐短板。只有让包括广大农村地区特别是贫苦落后地区农村的所有人共享经济社会发展的繁荣成果，实现城乡协同发展，才能实现真正意义上的小康。实施乡村振兴战略，适应了我国发展的阶段性特征和中国特色社会主义进入新时代的历史方位要求，推进了乡村经济快速发展，推动了乡村社会治理和生态环境全面进步，提升了广大农民综合素质，不仅能够为农业、农村现代化的顺利实现提供坚实物质基础，而且也能为全面建设社会主义现代化国家提供保障。然而，随着工业化和城镇化加速推进，农村劳动力向城镇二三产业部门转移，大量农村人口涌入城市谋求发展，农村人口急剧减少。再加上我国农业比较效益低，农村基础设施建设和公共产品供给严重滞后，农民的社会地位低，农村地区的青少年厌农、弃农的倾向十分突出，土地对于新生代农民工来讲相对陌生，许多地方老年劳动力已成为农业生产的主体，老龄化的问题也比较突出，各地出现了不少"空心村""老人村"。而且，现有的农业劳动力文化程度比较低，很少接受比较系统的农业职业教育和职业培训，于是产生了农业留守人群数量相对不足、结构不尽合理等问题，农业生产后继者缺失的问题也对我国现代农业的发展提出了极大的挑战。乡村振兴，为谁振兴,谁来振兴,如何振兴?这样的现实问题就不可避免地摆在了我们面前。

实施乡村振兴战略,必须突破人才瓶颈。农民作为乡村人才振兴的主体,既是乡村振兴的受益者,更是参与者、建设者。高素质农民作为乡村人才建设的基础,对其的培育是促进农民职业化发展、推进乡村振兴战略实施的重要举措。培育一支高素质农民队伍,对巩固我国农业的基础地位、促进现代农业发展的意义十分重大。由此可见,农业农村高质量发展不能缺少高素质农民队伍的支撑,需要通过教育培训,充分调动、挖掘出蕴藏在农民头脑里、身心中的能量、潜质和智慧,培养一大批身在农村、心在农村、干在农村、作用发挥在农村的乡村振兴带头人,成为实现乡村振兴宏伟蓝图的重要保障。

第一节 高素质农民培育的背景

伴随着中国城镇化和工业化进程的快速发展,农村大量的原有青壮年劳动力开始向城市转移,我国现有的农业劳动力大多是文化程度比较低的妇女、老人、儿童,文化层次较高的青壮年农村劳动力为数不多,因此,现有农村劳动力的结构与我国现代农业发展的方向开始不匹配。另外,由于农业本身属于经济效益较低的行业,农民的收益远远低于其他部门,农村的交通、卫生、水利等基础设施建设供给比较滞后,农民的身份社会地位低,农村地区的农二代不愿从事农业的现象或倾向非常突出,农业劳动力后继无人的问题也对我国现代农业的发展提出了一个"今后谁来种田"的重要问题。

近二十年来,我国农业农村经济发展成效显著,农业经济效益不断提升,农村生活条件明显改善,农业农村兴业创业的吸引力显著增强,现代家庭农场、农业大户、农民专业合作组织、涉农企业等新型生产经营组织有了一定程度的发展，从而产生了对大量现代农业人才和熟练农场工人的需求，为农民培育提供了有利的社会环境。改革开放以来，国家已根据相关规划实施了"绿色证书"工程、"跨世纪青年农民科技培训"工程、"新型农民创业培植"工程、"雨露计划"等，为农民培育提供了良好的教育环境。自 2004 年以来，中央已经连续 19 年出台涉农中央一号文件，高度重视农民问题。农民作为"三农"中唯一具有主观能动性的个体，对其的培育工作已成为乡村振兴的重要切入点。同时，近年来，实行城乡劳动者平等的就业制度，推进征地、户籍制度改革，建立健全农村社会保障制度，等等，都为农民培育提供了有利的政策环境。正是由于振兴农业和农村计划等都离不开农业继承人计划等农民培育工作，我国在实践中开始着手部署农民的培育工作。

新阶段面临新变化，"明者因时而变，知者随事而制"。随着我国农业农村现代化步伐加快，农业供给侧结构性改革的深入推进，农民培育工作在新阶段面临着新的变化。"十三五"以来，我国在加快构建现代农业产业体系、生产体系和经营体系的同时，技术装备支撑能力明显增强。我国农业科技进步贡献率突破 60%，农作物耕种收综合机械化率超过 70%，主要农作物良种实现全覆盖，现已完成 8 亿亩的高标准农田建设任务，让粮食生产告别了"望天收"的局面。无人机、自动化、物联网等农业黑科技也在加速进入田间，为农业发展注入了新动能。而且，农业生产组织方式更多了，呈现出以家庭经营为主体，集体经营、合作经营和企业经营共同发展的局面。与此同时，农业产业竞争力不断增强。截至目前，纳入全国农业农村部门名录管理的家庭农场超过 100 万家，农民合作社达到 222.5 万家，辐射带动全国近一半农户。全国农业社会化服务组织总量超过 90 万个，生产托管服务超过 16 亿亩次，其中服务粮食作物面积超 9 亿亩次，服务带动小农户 7000 多万户。鉴于这些主体产业不同、规模不同、需求不同，农民教育培训要主动满足不同生产组织方式的要求，培育高素质新型农业经营服务主体带头人，实现小农户与现代农业的有机衔接。随着市场需求的变化发展，优质高效农业、休闲旅游、健康养老、农村电商等乡村产业类型不断丰富,新业态大量涌现,并呈现出良好的发展势头。当前,产业的融合发展,对农业农村人才的能力和素质提出了更高的要求。于是,既懂田间地头、又懂市场码头的人才成为主要的需求,这就要求农民培育工作要拓宽覆盖面,加强孵化引领,聚焦复合型人才培养①。

在当前这个历史新时期,高素质农民培育工作更为全面推进乡村振兴提供了重要的人才支撑保障。推动农业农村现代化是实现乡村全面振兴的时代命题,而农业农村现代化的核心在于人的现代化。新的时代背景下,一方面,农业生产走向规模化、产业化,需要的农业从业者数量越来越少;另一方面,农业生产的集约化、科技化又需要大量的高素质农业从业人员。由此可见,如何培育有文化、懂技术、善经营、会管理的高素质农民已变得愈发迫切②。2020年中央一号文件明确提出,要加快构建高素质农民教育培训体系③;2021年中央一号文件也提出培育高素质农民,组织其参加技能评价、学历教育④。《中共中央 国务院关于做好2022年全面推进乡村振兴重点工作的意见》中提出了新的指导意见:要实施高素质农民培育计划,加强乡村振兴人才队伍建设。基于此,农民培育工作的导向逐渐从延续多年的新型职业农民向高素质农民转变。

---

① 顾媛.做强高素质农民培育 夯实乡村人才支撑[J].农村工作通讯,2022(1):59-60.
② 郭存,何爱霞.基于ADDIE:高素质农民培训实施机制与优化路径:以庄户学院为个案[J].教育学术月刊,2022(2):88-95.
③ 新华社.中共中央 国务院关于抓好三农领域重点工作确保如期实现全面小康的意见[EB/OL].[2022-10-15]http://www.gov.cn/zhengce/2020-02/05/content_5474884.htm.
④ 新华社.中共中央 国务院关于全面推进乡村振兴加快农业农村现代化的意见[EB/OL].[2022-10-15]http://www.gov.cn/zhengce/2021-02/21/content_5588098.htm.

第二节 高素质农民培育的发展趋势

我国是一个历史悠久的传统农业大国,农民在总人口中所占的比重很大。在实践过程中,农民的改造与教育也从未停止过。近代以来,最初的农民教育主要侧重于对农村人口进行启迪与培训,而且在不同历史阶段,其教育目的存在显著差异。新中国成立后,中国共产党主导下的农民教育则更侧重于提升农民的文化水平、技术水平,以更加有效地发展农业生产,而且对农民教育的群体选择定位也更加清晰、更具有针对性,即中国共产党主导下的高素质农民培育更侧重的是调动农民从事生产和学习技术的积极性,提升的是农民的整体素质。

党的十八大以来,以习近平同志为核心的党中央始终高度重视农民教育培训,从单一实用技术培训到职业培训与中高职衔接贯通,从分散到集中精准,形成了组织化系统化的高素质农民队伍,农民教育培训取得了显著成效。一方面,高素质农民培育扎实有效。2020年中华人民共和国农业农村部、中华人民共和国财政部实施的"高素质农民培育计划"已覆盖全国农业县(市、区),各地深入推进农民教育培训提质增效三年行动,抓实落细高素质农民培育的关键环节和重要流程,统筹推进新型农业经营主体和服务主体能力、种养加能手技能培训、农村创新创业者培植、乡村治理及社会事业发展带头人培育四大重点行动,着力提升培育质量效果,发展壮大高素质农民队伍。2020年国家高素质农民培育计划共培养高素质农民80万人,其中,培育新型经营主体超过41万人,培育种粮大户17万人。同时,各地灵活开展科技普及和实用技术培训,努力提升农民科技文化素质。中央农广校"云上智农""农广在线"两个App的高素质农民注册用户近800万人,全国农民手机应用技能培训辐射超 4000 万人次①。另一方面,农民职业教育稳步推进。中华人民共和国农业农村部联合中华人民共和国教育部继续推进"百万高素质农民学历提升行动计划",全国涉农职业院校通过扩大招生宣传、简化考核方式、优化专业设置、创新培养模式,积极为农民群体提供良好的职业教育机会。全国农广校体系坚持农学结合、送教下乡、弹性学制方式,积极探索面向乡村振兴需要的农民职业教育。2019 年起,高职扩招培养高素质农民,圆了无数农民的大学梦。2020 年,农业职业教育招生近 4.5 万人,毕业 4.2 万人①。

近年来,在培育高素质农民方面,以农广校为主体,科研院所、大中专院校、经营主体等社会力量广泛参与的合力不断增强。于是,我国立足服务农业农村高质量发展和广大农民全面发展,充分发挥农业广播电视学校、农业技术推广机构、农业职业院校等各类教育培训资源的优势,初步形成"一主多元"的培育体系,并围绕产业链打造教育链,着力构建短期农民培训与中长期农业职业教育相互衔接、互融互促的高素质农民教育格局,建立送教下乡、农学结合,以及手机伴随和农民田间学校现场学习相结合的培养模式,构建起实践育人、产业育人的培育路径,基本形成了由农业农村部门牵头,公益性培训机构为主体,市场力量和多方资源共同参与的教育培训体系,引导农民培育面向产业、融入产业、服务产业,将办学链条一直延伸到乡村,为农民搭建起了教育培训、工学结合的"立交桥",把农民教育培训办在乡村、办进产业链、办到田间地头,育人于天地之间,使得农民成长成才路径更加丰富,让广大农民能够学、愿意学、持续学②。

中华人民共和国农业农村部科技教育司和中央农业广播电视学校共同

---

① 农业农村部科技教育司,中央农业广播电视学校.《2021 年全国高素质农民发展报告》发布[EB/OL].[2022-10-24]. http://www.agri.cn/province/fujian/nyyw/202205/t20220524_7855328.htm.

② 顾媛.做强高素质农民培育 夯实乡村人才支撑[J].农村工作通讯,2022(1):59-60.

编写的《2021 年全国高素质农民发展报告》①中提到，2021 年全国高素质农民发展呈现以下五个特点。

一是高素质农民发展总体形势持续向好。2021 年高素质农民发展指数为 0.5100，较 2019 年和 2020 年分别增加了 5.52％和 4.68％。倘若以 2035 年我国基本实现社会主义现代化为时间节点建立理想值，2020 年高素质农民发展指数得分为 70.43 分。高素质农民发展态势持续向好，同时也呈现区域性差异。中部和东部地区的发展指数领先，西部地区居中，东北地区相对滞后。经过培育，高素质农民队伍不断壮大，部分高素质的青年农民正在成为专业大户、家庭农场主、农民合作社领办人及农业企业骨干，一批新生代农民工、涉农专业毕业生、科技人员等纷纷加入了高素质农民队伍。此外，工商资本也开始涉足农业领域，IT 行业、"互联网＋"现代农业等新业态的发展催生了一批高素质农民，这些新元素均为现代农业发展注入了新鲜血液。

二是高素质农民队伍结构逐步改善。高素质农民队伍相对年轻，68.03％的高素质农民的年龄集中在 36～54 岁之间，比第三次全国农业普查高出 20.73 个百分点。高素质农民受教育程度相对较高，高中及以上文化程度的占 50.98％，是 2019 年农村居民家庭户主的 3.86 倍，是 2020 年农民工的 1.86 倍；22.20％的高素质农民正在接受中职、高职、本科等不同程度的学历教育；92.67％的高素质农民接受了农业生产经营相关培训。高素质农民职业技术水平持续提升，获得农民技术人员职称、国家职业资格证书的比例分别为 40.13％、18.34％，分别比 2019 年提高了 23.89 个百分点和 6.76 个百分点。高素质农民新生力量充足，一大批大中专毕业生、外出务工返乡人员、退役军人、科技人员、大学生村官等新生力量加入高素质农民队

---

① 农业农村部科技教育司，中央农业广播电视学校.《2021 年全国高素质农民发展报告》发布［EB/OL］.［2022-10-24］. http://www.agri.cn/province/fujian/nyyw/202205/t20220524_7855328.htm.

伍,占比达 49.49%。

三是高素质农民产业水平不断提升。大部分高素质农民从事传统的种养业,16.67%的高素质农民从事加工业、休闲业、社会化服务等农村新产业新业态。62.32%的高素质农民为规模农业经营农户,平均土地经营面积为172 亩,比 2019 年均有大幅度提高。51.97%的高素质农民实现了耕种收综合机械化生产。超过 50%的高素质农民通过加入合作社或与农业企业建立生产经营关系,提升了组织化程度。采取节水灌溉、减施化肥或农药、禽畜粪污资源化利用、秸秆和农膜资源化利用的高素质农民比例分别为27.88%、54.18%、83.33%、91%。24.53%的高素质农民所生产的农产品拥有绿色农产品标识。59.77%的高素质农民在互联网上购买农资或销售农产品。

四是高素质农民收入水平持续增加。2020 年,高素质农民的农业生产经营人均纯收入达到 3.69 万元,相当于同期城镇居民人均可支配收入(4.38 万元)的 84.25%,约为农村居民人均可支配收入(1.71 万元)的 2.16倍;29.72%的高素质农民农业生产经营人均纯收入大于等于同期城镇居民人均可支配收入。相比 2019 年,高素质农民的农业生产经营人均纯收入提高了 11.82%,涨幅速度高于全国农民可支配收入增长速度(6.93%)。

五是高素质农民示范引领作用不断增强。71.77%的高素质农民对周边农户起到了辐射带动作用,平均辐射带动 17 户周边农户,主要是家庭农场、农民合作社等新型农业经营主体负责人,他们以农业技术指导、农产品销售等方式,积极促进小农户与现代农业有机衔接,带动广大农民共同进步。20.86%的高素质农民获得县级及以上荣誉或奖励,17.72%的担任村干部,2.99%的担任县级以上人大代表或政协委员。他们通过参政议政、建言献策,积极为推动乡村有效治理、促进地方农业农村发展作出努力。

通过培育,高素质农民队伍的规模在持续壮大,农民的素质结构持续改善。目前,全国农村实用人才总量 2254 万多人,其中,高素质农民的总体规模超过 1700 万人。在高素质农民队伍数量迅速增加的同时,农民的素质也得到了不断的提升,发生了质的变化。录入农民培训数据库的学员超过 700 万人,其中,年龄 36～54 周岁的占近 70%,受教育程度高中及以上的超过 50%,规模农业经营户超过 60%,加入合作社或与农业企业建立产业链接的超过 50%,提供技术指导或销售支持带动周边农户发展的超过 70%。此外,还涌现出一批优秀高素质农民,比如党的二十大代表石玉莲、向辉、张凌云等,一大批高素质农民成长为"全国十佳农民"、"全国农业劳模"和"全国三八红旗手"①。迄今为止,中央累计投入农民教育培训资金超过 159 亿元。当前,相关部门正扎实有序地推进农民教育培训工作,有效提高农民(含国有农场农工)科技文化素质,努力培养一支高素质农民队伍,促进乡村人才振兴和农业农村现代化。

由此可见,随着《中华人民共和国乡村振兴促进法》的出台和《中共中央办公厅 国务院办公厅关于加快推进乡村人才振兴的意见》等一系列政策文件的颁布,高素质农民发展的政策环境持续优化,越来越多的外出务工农民、大中专毕业生、退役军人等返乡入乡创业,高素质农民队伍规模持续扩大。

第三节 高素质农民培育的政策环境

在众多类型人才的培育中,高素质农民的培育是最基本、最为迫切的需要。高素质农民培育的历史逻辑决定了其具有系统性、长期性和复杂性的基本特征,这些特征则决定了高素质农民培育过程中政策制定的重要性。一方面,要做好高素质农民培育的顶层设计,不仅要从中远期规划、扶持政

---

① 农业农村部科技教育司,中央农业广播电视学校.《2021 年全国高素质农民发展报告》发布 〔EB/OL〕.〔2022-10-24〕. http://www.agri.cn/province/fujian/nyyw/202205/t20220524_7855328.htm.

策等方面明确高素质农民培育的方向,而且要在高素质农民培育参与主体、对象选择、内容方法等方面制定相关标准或依据,以借助政策法规为高素质农民的培育指引方向。另一方面,要以政策制定与地区经济社会发展相适应为导向,因地制宜地探索高素质农民培育的政策设计与优化路径,以确保高素质农民培育政策切实有效。

此外,高素质农民培育的历史逻辑决定了高素质农民培育过程必然会出现分化,不同阶段、不同区域、不同基础的高素质农民培育面临着不同的发展方向。因此,为促进高素质农民培育的良性发展,需要对于现行农业农村制度,尤其是农地流转、土地承包经营等相关制度进行优化,以保障各地区高素质农民培育工作的推进与实施不受制于国家上层制度的制约。尤其是要从国家层面,以高素质农民培育为导向,积极探索现行农业农村制度的弊端,从顶层设计上为高素质农民培育工作的推进与实施创造良好的制度环境。

高素质农民培育工作是一项长期且关系当前利益的管理任务,不仅要求政府各部门采取实际行动,而且还要求各行各业参与其中。2012年,我国开始开展农民教育培训。可以说,农民教育培训这十多年,是与农业农村发展休戚与共的十多年。国家政策支持力度前所未有。政府在推进高素质农民培育过程中可以采取政策、资金、服务等多种手段,但能够起决定性作用且能长期起作用的还是政策。因此,营造良好的政策环境,无疑能够为推进高素质农民培育提供最为有效的保障。对于高素质农民培育政策环境的营造,首先要强化政策的落实,保证相关政策能够真正落地且有效;其次,要不断完善政策、推广政策,为政策与高素质农民培育的深度融合提供导向;最后,要根据新形势、新要求推陈出新,制定具有系统性和针对性的新政策新措施,以持续优化高素质农民培育的政策环境[①]。

---

① 孙在福,王瑞峰.多维度结构视角下高素质农民培育的实现机制[J].中国成人教育,2022 (16):72-80.

一、国家政策支撑

　　我国历来十分重视对农民的教育培训工作，为提高广大农民的生产技能和素质，中央陆续出台了许多关于农民培训的政策性文件。20 世纪 90 年代以来，随着农民教育转向以调动农民生产和学习技术的积极性为重心，新时期高素质农民培育政策的发展大体经历了四个阶段，每个阶段的培育政策均明确指明了培育对象、政策目标等，尤其是 2012 年以来，中央一号文件都有对农民培育工作做出部署，使得政策的指引作用更加有效地发挥，促使新时期高素质农民培育目的更为明确、效果更为显著。表 2-1 对新时期农民培育政策的发展脉络进行了梳理。

表 2-1　新时期高素质农民培育政策的发展脉络

时间段	培育对象	政策目标	辅助政策
1990—1998 年	初中及以上文化程度的乡村农业社会化服务人员、专业户、示范户等	培养技术性较强的从业农民	农业"绿色证书"培训被写入《中华人民共和国农业法》
1999—2012 年	具有较高学历的青年农民	为农业专业化生产和产业化经营培养一大批觉悟高、懂科学、善经营的人才	实施"跨世纪青年农民科技培训工程"试点
2012—2019 年	全国 100 个新型职业农民培育试点的 2 万名新型职业农民	着眼于现代农业发展新需求，培养未来现代农业主体	实施"阳光工程"培训
2019 年以来	全民培育	培养一支有文化、懂技术、善经营、会管理的高素质农民队伍，造就更多乡土人才	实施百万高素质农民学历提升行动计划

资料来源：中华人民共和国农业农村部（原中华人民共和国农业部）的相关政策文件。

从表 2-1 可知,一方面,高素质农民培育政策的发展脉络主要经历了由农民启蒙到农民骨干,由农民文化水平到农民技术水平再到农民积极性的阶段,呈现出的是由传统农民文化与技能提升到高素质农民生产学习积极性的历史演进逻辑。另一方面,高素质农民培育政策的发展脉络主要经历了政策目标由培育从业农民到培育专业化、产业化农民,再到培育现代农业农民,最后到培育乡土人才;培育对象则主要从具备一定文化水平的乡村人员到培育较高学历的青年农民,再到培育新型职业农民,最后到全面培育高素质农民,呈现出的是高素质农民培育对象广度拓展与培育目标更加职业化的历史演进逻辑①。

2012 年中央一号文件《中共中央　国务院关于加快推进农业科技创新持续增强农产品供给保障能力的若干意见》首次提出大力培育新型职业农民②,大力培训农村实用人才,以解决农业生产力持续发展问题。《国务院关于印发全国现代农业发展规划(2011—2015 年)的通知》(国发〔2012〕号)指出以实施现代农业人才支撑计划为抓手,大力培养农业科研领军人才、农业技术推广骨干人才、农村实用人才带头人和农村生产型、经营型、技能服务型人才。

2013 年中央一号文件《中共中央　国务院关于加快发展现代农业进一步增强农村发展活力的若干意见》提出大力培育新型农民和农村实用人才,着力加强农业职业教育和职业培训③。2013 年中央农村工作会议进一步指出,要把加快培育新型农业经营主体作为一项重大战略,以吸引年轻人务

---

① 孙在福,王瑞峰.多维度结构视角下高素质农民培育的实现机制[J].中国成人教育,2022 (16):72-80.

② 中共中央　国务院.中共中央　国务院关于加快推进农业科技创新持续增强农产品供给保障能力的若干意见[R].中华人民共和国国务院公报,2012(5):4-11.

③ 中共中央　国务院.中共中央　国务院关于加快发展现代农业进一步增强农村发展活力的若干意见[EB/OL].[2022-09-22].http://www.gov.cn/zhengce/2013-01/31/content_5408647.htm.

农、培育职业农民为重点，建立专门政策机制，构建职业农民队伍。

2014年中央一号文件《中共中央 国务院关于全面深化农村改革加快推进农业现代化的若干意见》提出，加大对新型职业农民和新型农业经营主体领办人的教育培训力度[①]。

2015年中央一号文件《中共中央 国务院关于加大改革创新力度加快农业现代化建设的若干意见》提出，积极发展农业职业教育，大力培养新型职业农民[②]。

2016年中央一号文件《中共中央 国务院关于落实发展新理念加快农业现代化实现全面小康目标的若干意见》提出：加快培育新型职业农民，将职业农民培育纳入国家教育培训发展规划，基本形成职业农民教育培训体系，把职业农民培养成建设现代农业的主导力量；办好农业职业教育，将全日制农业中等职业教育纳入国家资助的政策范围；依托高等教育、中等职业教育资源，鼓励农民通过半农半读等方式就地就近接受职业教育；开展新型农业经营主体带头人培育行动，通过5年努力，基本上完成对他们的培训；加强涉农专业全日制学历教育，支持农业院校办好涉农专业，健全农业广播电视学校体系，定向培养职业农民[③]。从文件可以看出，高素质农民应逐步接受职业教育，通过接受正规的职业教育，不断提高其整体素质和从业能力，实现高素质农民队伍整体素质的提高和快速发展壮大。

2017年中央一号文件《中共中央 国务院关于深入推进农业供给侧结

① 中共中央 国务院.中共中央 国务院关于全面深化农村改革加快推进农业现代化的若干意见［EB/OL］.［2022-09-22］. http://www.gov.cn/zhengce/2014-01/19/content_2640103.htm.
② 中共中央 国务院.中共中央 国务院关于加大改革创新力度加快农业现代化建设的若干意见［EB/OL］.［2022-09-22］. http://www.gov.cn/zhengce/2015-02/01/content_2813034.htm.
③ 中共中央 国务院.中共中央 国务院关于落实发展新理念加快农业现代化实现全面小康目标的若干意见［EB/OL］.［2022-09-22］. http://www.gov.cn/zhengce/2016-01/27/content_5036698.htm.

构性改革加快培育农业农村发展新动能的若干意见》指出：开发农村人力资源，重点围绕新型职业农民培育、农民工职业技能提升，整合来自各渠道的培训资金，建立政府主导、部门协作、统筹安排、产业带动的培训机制；优化农业从业者结构，深入推进现代青年农场主、林场主培养计划和新型农业经营主体带头人轮训计划，探索培育农业职业经理人，培养适应现代农业发展需要的新农民；鼓励高等学校、职业院校开设乡村规划建设、乡村住宅设计等相关专业和课程，培养一批专业人才，扶持一批乡村工匠①。这对新型职业农民的素质提出了更高的要求，即要满足农业发展的需要，达到专业水平及工匠水平，要有先进的技术和管理水平。《国务院关于印发"十三五"促进就业规划的通知》（国发〔2017〕10 号）在城乡居民增收行动专栏中提出将培育新型职业农民纳入国家教育培训发展规划，提高职业农民增收能力，拓宽增收渠道；在新型职业农民培育工程专栏中指出：一是要健全培育机制。加快建立农业行政主管部门负责，农业广播电视学校、涉农院校、农民合作社、农业产业化龙头企业、农业技术推广机构以及其他各类市场主体多方参与、适度竞争的多元培育机制。到 2020 年，实现新型职业农民培育工程覆盖全国所有农业县（市、区）。二是要创新培育模式。促进教学内容与生产实际、教学安排与农时农事、理论教学与实践实习紧密结合，允许分阶段完成培训。采取送教下乡、半农半读、弹性学制等形式，鼓励农民接受中高等职业教育，培养高层次新型职业农民。建设新型职业农民培育信息化平台，为新型职业农民提供在线学习、跟踪指导等服务。三是要加大支持力度。创新财政支持新型职业农民培训的方式，加强财政资金使用监管，着力增强培训效果。采取融资担保等措施，加大对新型职业农民的政策扶持力度，推动有条件的新型职业农民按规定参加养老、医疗等社会保险。四是要壮大新型

---

① 中共中央　国务院.中共中央　国务院关于深入推进农业供给侧结构性改革加快培育农业农村发展新动能的若干意见[EB/OL].[2022-09-22].http://www.gov.cn/zhengce/2017-02/05/content_5165626.htm.

职业农民队伍。实施"现代青年农场主培养计划"和农村青年创业致富"领头雁"培养计划，吸引年轻人务农创业。实施新型农业经营主体带头人轮训计划，"十三五"时期，将新型农业经营主体带头人轮训一遍。五是要强化管理服务和政策扶持，培养一批有文化、懂技术、善经营、会管理的新型职业农民①。

2018年中央一号文件《中共中央　国务院关于实施乡村振兴战略的意见》提出：实施新型职业农民培育工程，大力培育新型职业农民；全面建立职业农民制度，完善配套政策体系；支持新型职业农民通过弹性学制参加中高等农业职业教育；创新培训机制，支持农民专业合作社、专业技术协会、龙头企业等作为培训的主体；引导符合条件的新型职业农民参加城镇职工养老、医疗等社会保障制度；鼓励各地开展职业农民职称评定试点②。上述文件中提到的新型职业农民的教育层次进一步提高，由2016年的半工半读的职业教育提升到中高等职业教育，这不是简单的教育层次的提高，是在前期的基础上进行的进一步的提升。同时，还要通过新型职业农民职称评定工作，科学地对其进行评价，促进其素质的大幅度提升。

2019年中央一号文件《中共中央　国务院关于坚持农业农村优先发展做好"三农"工作的若干意见》指出：要培养懂农业、爱农村、爱农民的"三农"工作队伍，大力发展面向乡村需求的职业教育，加强高等学校涉农专业建设，抓紧出台培养懂农业、爱农村、爱农民的"三农"队伍的政策意见。③ 从专业技术上讲，新型职业农民应该是专家型农民，要掌握先进的农业科学技

① 国务院.国务院关于印发"十三五"促进就业规划的通知［EB/OL］.［2022-09-22］.http://www.gov.cn/zhengce/content/2017-02/06/content_5165797.htm.

② 中共中央　国务院.中共中央　国务院关于实施乡村振兴战略的意见［EB/OL］.［2022-09-22］.http://www.gov.cn/zhengce/2018-02/04/content_5263807.htm.

③ 中共中央　国务院.中共中央　国务院关于坚持农业农村优先发展做好"三农"工作的若干意见［EB/OL］.［2022-09-22］.http://www.gov.cn/zhengce/2019-02/19/content_5366917.htm.

术,能够科学地种植和养殖,同时还应该是周围农民的师傅,能够起到很好的带动和示范作用。从思想根源上看,新型职业农民应该是热爱农村,对农村的一草一木应该具有深厚的感情,且是发自内心的,只有热爱农村,才能扎根农村,做一名优秀的新型职业农民。新型职业农民的工作、学习和生活都在农村,打交道最多的人是农民,因此,热爱农村是其扎根农村的基础。2019年8月,中共中央印发了《中国共产党农村工作条例》,提出要培养一支有文化、懂技术、善经营、会管理的高素质农民队伍,造就更多乡土人才。这不仅是中央基于传统农民、职业农民、新型农民、新型职业农民等概念首次提出高素质农民这一政策性概念,而且明确了高素质农民的内涵,即有文化、懂技术、善经营、会管理。在这一年里,中央层面的政策对高素质农民培育的培训主体、培训数量、培训对象、培训路径等方面都作出了规定,为各地开展农民技能培训指明了方向。

2020年中央一号文件《中共中央 国务院关于抓好"三农"领域重点工作确保如期实现全面小康的意见》指出要整合利用农业广播学校、农业科研院所、涉农院校、农业龙头企业等各类资源,加快构建高素质农民教育培训体系;培养更多知农爱农、扎根乡村的人才,推动更多科技成果应用到田间地头,以不断扩大高素质农民的覆盖面,提高对其的要求。

人才振兴是乡村振兴的基础,农业农村人才是强农兴农的根本。要加大农业职业教育和技术培训力度,造就一支适应现代农业发展的高素质农民队伍。2021年是全面建成小康社会的收官之年,该年的中央一号文件《中共中央 国务院关于全面推进乡村振兴加快农业农村现代化的意见》提出,要培育高素质农民,组织参加技能评价、学历教育,设立专门面向农民的技能大赛,发展农村职业教育,充分发挥农业广播电视学校等培训机构的作用,加强对高素质农民、能工巧匠等本土人才的培养,这就为当地农民接受技能培训和学历教育创造了条件,将农民技能培训提升到了一个新的高度。2021年6月,国务院印发《全民科学素质行动规划纲要(2021—2035年)》提出，通过开展农民职业技能鉴定和技能等级认定、农村电商技能人才培训等，实施高素质农民培育计划，并将其作为提升全民科学素质的重要组成部分。随后，《中华人民共和国乡村振兴促进法》颁布，为促进农民接受教育和培训、实现全面发展提供了法治保障。《中华人民共和国国民经济和社会发展第十四个五年规划和2035年远景目标纲要》也提出，要通过高素质农民培育计划来提高农民科技文化素质。这是党和国家把握发展新阶段、坚持发展新理念、构建发展新格局、厚植发展新优势所作出的重大部署。2021年12月，中华人民共和国农业农村部印发《"十四五"农业农村人才队伍建设发展规划》，着重提到"十四五"期间培育500万高素质农民，培养100万具有中高等学历教育的乡村振兴带头人。由此可见，中央对高素质农民培育工作寄予厚望，希望通过建设高素质农民队伍，让农业成为有奔头的产业，让农民成为有吸引力的职业，让农村成为安居乐业的美丽家园。

2022年中央一号文件《中共中央　国务院关于做好2022年全面推进乡村振兴重点工作的意见》强调要加强乡村振兴人才队伍建设，实施高素质农民培育计划，并指出要实施高素质农民培育计划、乡村产业振兴带头人培育"头雁"项目、乡村振兴青春建功行动、乡村振兴巾帼行动。

国家政策决定了各级政府的工作目标和工作任务。通过对2012—2022年高素质农民相关政策文件的整理与归纳，可以发现，这些政策涉及高素质农民的内涵、类型、培育对象、培育主体、认证标准、政策扶持等多方面的内容，不仅为建设高素质农民队伍营造了良好的政策环境，为解决"三农"问题提供了清晰的思路，也表明了政府对高素质农民培育工作的高度重视。

总体上看，这些政策主要呈现以下四方面的特点。

第一，高素质农民的内涵得到不断的发展与丰富。"高素质农民"这一概念是在农业现代化的背景下提出来的，不再将农民作为一种世袭身份的象征。其表述从最初的"新型农民""职业农民""新型职业农民"到现在的"高素质农民"，反映了现代农业发展对现代农民提出的新要求，体现了高素质农民的本质属性。高素质农民作为一种职业,既不同于传统农民,也不同于新型农民、职业农民和新型职业农民,体现了我国农村从封闭走向开放,农业从传统走向现代,农民身份从世袭走向职业化,这是农民专业化发展的要求,是我国农村社会经济转型升级和农业现代化发展的必然要求。与此同时,还明确界定了高素质农民的类型。相较于传统农民、新型农民、职业农民和兼业农民,高素质农民的分类延续了新型职业农民的分类,继续分为生产经营型、专业技能型、社会服务型三种类型,每种类型又分低、中、高三个不同层次,正逐步形成"三类协同""三级贯通"的高素质农民制度框架。

第二,高素质农民的来源与培育对象不断拓展。当前,从对在农村从业的村干部、农村种养殖大户、大学生村干部的教育培训,到对新型农业经营主体培育,再到鼓励、吸引返乡农民工涉农创业,以及对大学生到农村就业创业培训,培育对象打破了城乡户籍限制,不仅包括农村户籍的潜在高素质农民,还包括非农户籍的劳动力,真正实现了职业与身份的剥离。

第三,高素质农民培育体系逐步完善。从大力促进农村职业教育、中等职业教育参与高素质农民培育,到农广校成为高素质农民培育的主体,再到鼓励高等院校开设相关专业培养乡村工匠,"一主多元"的高素质农民培育体系逐步完善。

第四,高素质农民培育的扶持政策越来越全面。这些政策从农村土地改革、农村生活改善、培育资金投入与补贴、创业扶持等多方面彰显了政府对高素质农民培育工作的重视,多方面、全方位扶持高素质农民培育工作[1]。

二、相关部委政策支撑

2012年以来,中华人民共和国农业部(2018年3月更名为中华人民共

① 吕莉敏.新型职业农民培育的政策变迁与趋势:基于2012—2017年相关政策的分析[J].职教论坛,2017(16):26-31.

和国农业农村部）、中华人民共和国财政部等部门启动了新型职业农民培育工程。2012年8月，中华人民共和国农业部办公厅印发了《新型职业农民培育试点工作方案》（农科办〔2012〕56号），从新型职业农民培育工作的意义、总体思路、原则和目标、试点任务、试点规模和条件、时间安排及试点要求等方面做了详细的规划，拉开了我国新型职业农民培育的序幕。该方案提出要遵循政府主导、稳步推进、坚持自愿的原则；主要目标是在全国选择100个试点县，每个试点县选择2～3个主导产业，培育新型职业农民500～1000人；主要任务是利用3年时间探索新型职业农民的教育培养模式、认定管理办法以及支持政策体系；每个省市确定2～4个试点县不等[①]。

2013年5月，中华人民共和国农业部办公厅印发了《关于新型职业农民培育试点工作的指导意见》（农办科〔2013〕36号）对新型职业农民培育工作提出了具体的指导意见。在该意见中，进一步强调了培育新型职业农民的重要性和紧迫性，提出要把培育新型职业农民放在"三农"工作的突出位置加以落实，并将其分为生产经营型、专业技能型和社会服务型三大类。此外，还将让更多的农民成长为新型职业农民作为目标，从建立农民培育制度、构建新型职业农民培育体系、开展新型职业农民认证管理、出台新型职业农民扶持政策等方面提出了具体要求。2013年7月，《农业部关于加强农业广播电视学校建设加快构建新型职业农民教育培训体系的意见》（农科教法〔2013〕7号）要求加快构建以农业广播电视学校为基础依托的新型职业农民教育培训体系，从培育新型职业农民意义重大、教育培训面临长期繁重任务、加强体系建设要求十分迫切、加强农民教育培训主体建设、保持和稳定系统办学特色、构建一主多元体系、建立完善多元参与机制、加强办学队伍

---

① 农业部.农业部办公厅关于新型职业农民培育试点工作的指导意见[EB/OL].[2022-09-28].http://www.pkulaw.cn/fulltext_form.aspx? Db＝chl&Gid＝d9d328a623cee468.

建设、切实改善设施条件等 14 个方面提出具体意见和要求①。《国务院办公厅转发教育部等部门关于实施教育扶贫工程意见的通知》(国办发〔2013〕86号)指出:要提高职业教育促进脱贫致富的能力;到 2015 年,初、高中毕业后新成长的劳动力都能接受适应就业需求的职业教育和职业培训,力争使有培训需求的劳动者都能得到职业技能培训;到 2020 年,职业教育体系更加完善,教育培训就业衔接更加紧密,培养一大批新型农民和在第二、三产业就业的技术技能人才②。

2014 年 8 月,《农业部办公厅　财政部办公厅关于做好 2014 年农民培训工作的通知》(农办财〔2014〕66 号)(本段简称《通知》)布置了 2014 年新型职业农民培育工作的主要任务:一是探索建立培训制度,二是开展示范培训,三是建立健全培训体系。《通知》提出:在全国遴选 2 个示范省、14 个示范市和 300 个示范县;培育对象的年龄原则上不超过 55 岁,项目县的培训机构数量不得超过 5 个。同时,对资金分配也提出了具体的要求。《通知》从创新培育机制、模式、内容和手段等方面强调了培育机制创新,并评选出 14 个示范市,分别是河北省承德市、江苏省常州市、浙江省湖州市、安徽省宿州市、福建省龙岩市、江西省上饶市、山东省临沂市、河南省三门峡市、湖北省襄阳市、湖南省常德市、四川省成都市、贵州省六盘水市、云南省保山市、青海省海东市③。

2015 年 3 月,中华人民共和国农业部科技教育司下发《农业部科技教育

---

① 农业部.农业部关于加强农业广播电视学校建设加快构建新型职业农民教育培训体系的意见［EB/OL］.［2022-09-28］. http://www. moa. gov. cn/nybgb/2013/dbaq/201712/t20171219_6119827.htm.

② 国务院办公厅.国务院办公厅转发教育部等部门关于实施教育扶贫工程意见的通知［EB/OL］.［2022-09-28］. http://www. gov. cn/zhengce/content/2013-09/11/content_5295.htm.

③ 农业部办公厅　财政部办公厅.农业部办公厅　财政部办公厅关于做好 2014 年农民培训工作的通知［EB/OL］.［2022-09-28］. http://www. moa. gov. cn/govpublic/CWS/201408/t20140804_3989380.htm.

司关于做好 2015 年新型职业农民培育工作的通知》[农科（教育）〔2015〕第 68 号]（本段简称《通知》）。《通知》中提出，要进一步扩大新型职业农民培育的示范规模，示范省由 2014 年的 2 个扩大到 4 个，示范市由 2014 年的 14 个扩大到 21 个，示范县由 2014 年的 300 个扩大到 487 个。此外，《通知》中还提出 2015 年要进一步加强新型职业农民培育基础建设，包括师资库、教材、培训基地、平台建设等，并评选出 21 个示范市，分别是河北省承德市、吉林省长春市、黑龙江省绥化市、浙江省湖州市、安徽省宿州市和马鞍山市、福建省龙岩市、江西省上饶市、山东省临沂市、河南省漯河市和三门峡市、湖北省荆门市、广西壮族自治区柳州市、四川省成都市和绵阳市、贵州省六盘水市、云南省保山市、甘肃省武威市、青海省海东市、宁夏回族自治区固原市、新疆维吾尔自治区博州①。

2016 年 5 月，《农业部办公厅　财政部办公厅关于做好 2016 年新型职业农民培育工作的通知》（农办财〔2016〕38 号）（本段简称《通知》）下达。《通知》进一步理清了新型职业农民培育工作的思路：要坚持政府主导、尊重农民意愿、立足产业培育、突出培育重点的基本原则，明确目标任务，以需求为导向，创新管理机制，强化精准培育，将专业大户、家庭农场、农民合作社、农业企业、返乡涉农创业者等新型农业经营主体带头人纳入培育对象②。《国务院办公厅关于完善支持政策促进农民持续增收的若干意见》（国办发〔2016〕87 号）提出，要健全新型农业经营主体支持政策：完善财税、信贷、保险、用地、项目支持等政策，培育壮大家庭农场、专业大户、农民合作社、农业

---

① 农业部科技教育司.农业部科技教育司关于做好 2015 年新型职业农民培育工作的通知[EB/OL].[2022-09-28].http://www.ngx.net.cn/tzgg/gztz/201503/t20150326_168350.html.

② 农业部办公厅　财政部办公厅.农业部办公厅　财政部办公厅关于做好 2016 年新型职业农民培育工作的通知[EB/OL].[2022-09-28].http://www.moa.gov.cn/govpublic/CWS/201605/t20160530_5154719.htm.

产业化龙头企业等新型农业经营主体①。

2017 年 1 月,中华人民共和国农业部印发了《"十三五"全国新型职业农民培育发展规划》(农科教发〔2017〕2 号)(本段简称《规划》),提出新型职业农民的发展目标和主要培育指标:到 2020 年,全国新型职业农民培育总量超过 2000 万人,其中,高中及以上文化程度占比超过 35%。《规划》提出重点实施新型职业农民培育工程、学历提升工程、信息化建设工程,实施新型农业经营主体带头人轮训计划、现代青年农场主培养计划和农村实用人才带头人培训计划。《规划》还明确了加强新型职业农民培育和发展的五大任务,分别是按照新型农业经营主体和农业社会化服务主体的发展情况以及农业产业发展需要,遴选重点培育对象;科学设置培训内容,分类分层开展培训;创新培育机制,统筹利用各类公益性培训资源;发挥市场机制作用,探索一点两线、全程分段培育模式;规范认定、科学管理,加强新型职业农民培育的规范性;加强跟踪指导,加大政策扶持力度,支持新型职业农民享受新型农业经营主体、创新创业的扶持政策,支持新型职业农民对接城镇社保政策;加强师资队伍建设,改善培育基础条件,优化教学培训资源,提升新型职业农民培育的保障能力②。

2018 年 6 月,《农业农村部办公厅关于做好 2018 年新型职业农民培育工作的通知》(农科办〔2018〕17 号),明确 2018 年重点抓好五方面的工作。首次提出精准遴选培育对象,科学确定培育机构,统筹利用好涉农院校、农业科研院所、农技推广机构、农民合作社、农业龙头企业等各种资源,开展分类培训。将新型职业农民培育纳入乡村振兴计划,创新新型职业农民培育制度和保障制度,进一步做好新型职业农民示范培育,提出由第三方对新型

---

① 国务院办公厅.国务院办公厅关于完善支持政策促进农民持续增收的若干意见[EB/OL].[2022-09-28].http://www.gov.cn/zhengce/content/2016-12/06/content_5143969.htm.

② 农业部.农业部关于印发"十三五"全国新型职业农民培育发展规划的通知[EB/OL].[2022-09-28].http://www.moa.gov.cn/nybgb/2017/derq/201712/t20171227_6131209.htm.

职业农民进行示范考核，建立新型职业农民培育绩效考核指标体系，并分行业制定万名新型职业农民的示范培育方案①。

2019年12月，中华人民共和国农业农村部和中华人民共和国教育部联合推出百万高素质农民学历提升行动计划，计划用5年时间，培养100万名高素质农民。通过学历教育，将他们培养为具备市场开拓意识、推动农业农村发展、带领农民增收致富的乡村振兴带头人。这一计划的目的是通过高职扩招，帮助农民这一特定群体接受成人教育，从而提高素质，增长技能，实现乡村人才振兴。

2020年的中央一号文件明确了高素质农民培育的主体是农业广播学校、农业科研院所、涉农院校、农业龙头企业等。这就从国家政策层面保障了农民技能培训主体的办学资格。随后，《农业农村部2020年人才工作要点》提出了实施高素质农民培育计划，不仅明确了当年要培训100万人次高素质农民，而且明确了通过开展百所重点院校创建行动、定制培养和学历提升等培训方式，加强农村实用人才队伍建设②。2020年4月，中华人民共和国农业农村部印发《新型农业经营主体和服务主体高质量发展规划（2020—2022年）》，把新型农业经营主体和服务主体经营者队伍列为高素质农民技能培训的主要人群，并要求探索高素质农民培育衔接学历提升教育。2020年6月，中华人民共和国农业农村部办公厅在《关于做好2020年高素质农民培育工作的通知》中提出，要开展农民教育培训提质增效三年行动，布置了助力脱贫攻坚、培育现代农业带头人、推动农民学历教育提质增效、健全完善教育培训体系、拓宽高素质农民发展路径5个方面的重点任务。

---

① 农业农村部办公厅.农业农村部办公厅关于做好2018年新型职业农民培育工作的通知[EB/OL].[2022-09-28].http://www.moa.gov.cn/nybgb/2018/201807/201809/t20180912_6157154.htm.

② 农业农村部办公厅.农业农村部办公厅印发《农业农村部2020年人才工作要点》的通知[EB/OL].[2022-09-28].http://www.moa.gov.cn/gk/rsxxl/202003/t20200312_6338775.htm.

2021 年 2 月,中共中央办公厅、国务院办公厅印发《关于加快推进乡村人才振兴的意见》,提出要通过实施农村实用人才培养计划来培养高素质农民队伍;尤其要抓好家庭农场经营者、农民合作社带头人的培育工作;深入开展家庭农场经营者培养,加快培养包括农村创业创新带头人、农村电商人才和乡村工匠等在内的发展农村第二、三产业的人才;加快培养乡村公共服务人才、乡村治理人才、农业科技服务人才等。2021 年 4 月,中华人民共和国农业农村部办公厅出台《关于做好 2021 年高素质农民培育工作的通知》,从培育计划、学历提升计划、培育形式手段等方面提出工作要求,尤其强调要加强党对农民教育培训工作的全面领导。

2022 年 6 月,共青团中央办公厅、中华人民共和国农业农村部办公厅联合印发《关于开展 2022 年度高素质青年农民培育工作的通知》(本段简称《通知》)。《通知》指出:深入开展新时代共青团青年人才工作行动计划和乡村振兴青春建功行动,重点聚焦乡村振兴人才需求,支持有条件、有需求的省份开展高素质青年农民培育工作。参与省份根据实际需求,举办 3 至 5 期各层级高素质青年农民专题示范班,每期培育 50 至 100 人,先行示范、稳步推开。鼓励支持 160 个国家乡村振兴重点帮扶县因地制宜举办适度规模的高素质青年农民专题班。要重点围绕致富带头人、家庭农场经营者、农村合作社带头人等乡村青年,返乡创业大学生,脱贫不稳定户、边缘易致贫户、突发严重困难户"三类户"中的青年等群体开展培训。

三、地方政府政策支撑

党中央、国务院高度重视新型职业农民培育工作,中华人民共和国农业农村部等相关部门积极落实党中央、国务院的精神,连续制定出台相关政策。为了将中央精神落到实处,地方政府在深刻领会中央精神,参考中华人民共和国农业农村部有关文件精神,积极谋划当地的高素质农民培育工作,纷纷出台文件,将上级文件精神细化,确保工作落到实处。

（一）省级政策

1. 陕西省政策

2022 年 6 月,陕西省农业农村厅印发《陕西省"十四五"高素质农民培育发展规划》(本段简称《规划》)。《规划》聚焦乡村振兴和农业产业链培育,以促进农业农村高质量发展为导向,以陕西省高素质农民培育三年行动计划为抓手,满足农民知识技能需求为核心,提升培育质量效能为关键,完善农民教育培训体系,强化基础条件能力支撑,逐渐提高初、中、高级职业农民认定数量。优化认定结构,加快培育形成与产业需求和农村发展相适应,有文化、懂技术、善经营、会管理,具有较强示范带动作用的高素质农民队伍,为全面建设农业农村现代化提供重要的人才支撑。《规划》明确了主要任务和重点项目。高素质农民培育要坚持以服务农业产业发展为重点,结合主导产业、优势产业和新产业新业态新模式对人才的需求。以培养农业产业发展,尤其是新产业、新业态等急需紧缺带头人为核心,进一步加强高素质农民培育,改善优化高素质农民队伍结构,持续提高教育培训服务能力,全面提升高素质农民培育质量。从全面加强高素质农民培训、着力构建高素质农民培育体系、精心打造培训师资队伍、推进线上线下融合培训、扩大职业农民认定规模、努力提升高素质农民学历层次等方面入手,通过实施全产业链带头人培育项目、培训体系建设项目、师资能力提升项目、发展路径拓展项目、高素质农民学历提升项目,全面提升农民素质。《规划》明确,到 2025 年,全省高素质农民总量达到 25 万人,到 2035 年达到 35 万人,力争每个村组都有高素质农民,每个县区都有农业农村发展领军人才,高素质农民整体文化素质、技能水平和经营能力显著改善。

2. 福建省政策

福建省自 2013 年起创新启动了万名新型职业农民素质提升工程,且这十年来,一直继续实施新型职业农民素质提升工程。2023 年将新选送一批青壮年农民和有志从事农业生产经营的农村高中毕业生、返乡农民工、退役军人等,参加专科学历教育和农业职业技能培训,加快培养一支有文化、懂技术、善经营、会管理的高素质农民队伍。在高素质农民专科学历教育方面,2023 年将招收 2000 人,开设 11 个专业,其中:园艺技术(茶叶、果树、蔬菜)、农产品质量安全、休闲农业经营与管理、电子商务、畜牧兽医、市场营销、茶叶生产与加工技术、食品智能加工技术等专业,由农业农村部门负责推荐学员,林业技术和园林技术专业由林业部门负责推荐学员,水产养殖技术专业由海洋与渔业部门负责推荐学员。推荐对象为在职村两委、农民专业合作社负责人、农业企业骨干、农村种养大户、家庭农场主,在农业企业、专业合作社、家庭农场等新型农业经营主体中从事劳动作业的农业劳动力,以及有志从事农业生产经营的农村高中毕业生、返乡农民工、退役士兵等,年龄在 50 周岁以下,并具有高中毕业文化程度或高中同等学力。该项教育主要依托省内农业高等院校,开展学制三年的非全日制涉农专业专科学历教育,课程设置与学员目前从事的农业生产经营活动紧密结合,主要以函授教学为主,同时与面授、网络教学和实地现场指导相结合,集中面授时间将选择农闲时间,每个学期约 10 天。学员学习结束、考试合格后将获得专科学历证书。对于参加专科学历教育的学员免学费、杂费、书本费、农业职业资格证书报名考试费。集中学习期间免住宿费,给予一定的生活费用补助。

3. 山东省政策

2022 年 8 月,山东省农业农村厅印发《关于做好山东省高素质农民培育省级示范性培训专题培训讲师团队遴选工作的通知》,面向社会公开遴选高素质农民培育 9 个专题的培训讲师团队,承担该年部分省级示范性培训任务,以期优化师资力量,丰富专题课程,完善讲师队伍,树立团队品牌,推进高素质农民培育创新实施和高水平开展。此次团队遴选类别包括农产品加工类(创意面食加工)、营销类(网络电商)、管理类(黄河流域生态保护和高质量发展、沼气安全)、农业服务类(农业经理人、农机手、数字农业)、农村事务类(乡村治理)、农村文旅类(三产融合)。专题培训课程模块包括综合素养课、专业技能课、能力拓展课等。专题培训形式包括课堂教学、现场教学、实习实训、跟踪服务等。团队由首席讲师负责组建,实行首席讲师负责制,全面负责专题培训班教学工作和团队管理工作,团队成员纳入全省农民教育培训师资库。从申报条件上看,团队首席讲师应具备高级及以上专业技术资格,政治觉悟高,有较强的组织协调能力,能够牵头组建团队,强化教学与管理,确保培训效果、发挥团队效能。认定为省级及以上非物质文化遗产传承人,获得省部级及以上科研、教学、推广成果奖,从事农民教育培训工作5年以上,荣获省级及以上教学名师,入选省部级及以上智库专家的首席讲师所在团队优先考虑。此外,团队其他成员应坚决拥护党的路线、方针和政策,遵纪守法,具有良好的职业道德和社会公德,责任意识、担当意识、服务意识、科技意识强;团队所有成员专业技术技能较高,教学研究能力较强,团队协作意识较好,且热爱农民教育培训事业,有3年以上农民教育培训的授课经历。

与此同时,为高效推进高素质农民培育工作,进一步提高农民培训的有效性、精准性,经研究,山东省在高素质农民计划项目实施中开展高素质农民"师傅带徒"创新试点,以期锚定农民培育工作"走在前、开新局",在农业农村直接从事生产操作、经营管理、社会化服务、乡村治理、技艺传承等活动的技术技能水平高、传帮带能力强、示范带动作用发挥好的"土专家"、"田秀才"、产业发展带头人和传统技艺传承人等优秀高素质农民中,遴选一批高素质农民大师,开展"师傅带徒"培训,面对面、手把手传授技术技能,发挥传帮带作用,有针对性地帮助农民提升技术技能素养,加快促进农业农村人才培育和农业产业高质量发展。高素质农民大师纳入全省农民教育培训师资库,同时列入所在市县年度高素质农民培育省级示范培训任务计划。

4. 湖北省政策

2021 年起湖北省开始实施高素质农民培训计划,力争每年培训高素质农民不少于 3 万人;面向留乡返乡的大学生、复转军人、新型经营主体带头人等,开展农村实用人才培训和创业大赛,全面实施"一村多名大学生计划",启动"一村多名中专生计划",培养一批优秀农村实用人才;持续推进院士专家科技服务"515"行动,推进农技服务人员知识更新培训,培养一批农业科技创新人才;面向省级以上龙头企业、农民合作社、家庭农场,开展农业产业领军人才培训和农业经纪人培训,培育引领全省农业产业发展的企业家。

2022 年 8 月,共青团湖北省委与湖北省农业农村厅签署《湖北省乡村振兴青年人才开发行动战略合作框架协议》,将联合相关部门围绕实施乡村产业振兴带头人"头雁"项目、乡村振兴青春建功行动,统筹农业科技创新、农村人才培养融合发展,推进部门合作提档升级,高质量推动农村青年人才培养五大行动,加大农村青年人才培养力度,壮大乡村产业发展力量。

5. 河北省政策

河北省将高素质农民培育工程纳入省政府重点工作和全省人才助力产业发展三年行动计划。继续支持省市县高素质农民培训基地,根据当地乡村人才振兴需求,统筹推进新型农业经营和服务主体(含农经理人)能力提升、种养加能手技能培训、乡村振兴带头人培育(乡村治理和社会事业发展带头人)、农村创新创业者培养四大行动。新型农业经营主体和服务主体(含农业经理人)、乡村振兴带头人培育(乡村治理和社会事业发展带头人)、返乡下乡创新创业者培训纳入经营管理型高素质农民培育范围,省、市级培训基地按人均 4000 元予以补助,项目县培训基地按人均 3000 元标准予以补助;种养加能手培训纳入专业生产型和技能服务型高素质农民培育范围,按人均 1000 元标准予以补助。此外,农业农村部会同组织部等部门开展乡村振兴人才带头人示范培训和联合培养,遴选村党组织书记、村委会主任、大学生村官、党员骨干以及种养大户、家庭农场主、农民合作社负责人、乡村能工巧匠、返乡下乡"双创"人员中的带头人等进行重点培育,围绕农业农村政策解读、产业发展、乡村治理等内容举办创业富民、乡村发展与治理等主题培训,培训以经验传授、现场教学、交流研讨等方式开展,学员优先从脱贫地区选择。项目资金按照人均3000元标准执行,主要用于培训教材费、教师授课费、学员费、其他相关费用等方面。

(二)地市级政策

1. 广州市政策

2021年,广州制定了《广州市高素质农民培育工作方案(2021—2025年)》,以农业农村高质量发展为导向,满足农民需求为核心,提升培育质量效能为关键,分层分类实施高素质农民培育。2021年起,在全市七个主要农业生产区(白云区、黄埔区、花都区、番禺区、南沙区、从化区和增城区)启动实施高素质农民培育提质增效行动,重点组织培育经营管理型、专业生产型和技能服务型3种类型的高素质农民。争取到2025年底,累计培育高素质农民8000人,其中经营管理型4000人。经营管理型高素质农民按人均6500元补助,专业生产型的和技能服务型的按人均2500元补助①。

2. 龙岩市政策

福建省龙岩市率先开展高素质农民培育工程。近年来,龙岩市坚持探索实践,先行先试,以强化跟踪服务为关键点,建立资金扶持、金融扶持、项目优先的"两扶一优"扶持体系架构,为高素质农民队伍的壮大提供了根本性的支撑。市级财政每年安排300万元专项扶持资金,扶持引导各县落实高素质农民贷款担保基金、贷款贴息补助、培训条件建设、大中专生和"五新"示范户培育等工作。同时,当地与农业银行合作,量身定制高素质农民

---

① 广州市农业农村局.广州市高素质农民培育工作方案(2021—2025年)[EB/OL].[2022-09-29].https://www.hunanhr.cn/cehuafangan/2021/0702/791397.html.

"金穗快农贷",为认定农民提供 10 万～30 万元的低利息、免抵押、无担保贷款。此外,龙岩市把获得高素质农民认定作为评选示范企业(农场)、示范农民合作社的前置条件,成功获评后给予高素质农民 5 万～10 万元奖励。永定、上杭的土地流转项目中持证农民在原有标准上每亩增加 20 元,长汀、新罗的农机具购置项目中持证农民在原有标准上提高 5%,上杭、漳平的持证农民农业保险保费自缴部分由财政增补 50%。为了培养以返乡创业大中专毕业生为代表的"新农人",每个县(市、区)每年培育扶持 15 名返乡创业大中专生,每名给予 3000 元创业补助,还出台了大中专生返乡创业典型评选办法,每年评选 10 名大中专生返乡创业典型,每名给予 3 万元补助,并积极扶持创办大中专生返乡创业示范基地。此外,为加快培育高素质农民典型,并激励发挥其示范带动作用,2020 年 3 月,龙岩市农业农村局和财政局联合制定出台《龙岩市高素质农民典型认定管理办法》,对认定的各类高素质农民典型,给予一次性资金补助。高素质农民典型认定类型包括个人和基地,其中:典型个人包括"新农人"初创之星、大学生农创标兵、十佳农民,典型基地包括见习基地、实训基地等。各类典型的申报人为在龙岩从事农、林、牧、渔业生产、加工、经营,休闲农业,以及为农业农村发展服务的相关行业。其中:新农人初创之星每人补助 2 万元,大学生农创标兵每人补助 5 万元,十佳农民每人补助 5 万元,实训基地每个补助 6 万元,见习基地每个补助 5000 元[①]。

3. 苏州市政策

2022 年 3 月,苏州市出台《关于进一步提升高素质农民培育质效的实施意见》,坚持把科教兴农、人才强农作为重大战略,以扶持农民、提高农民、富裕农民为方向,紧扣"高质量"主题,加快构建高素质农民培育体系。健全完

---

① 龙岩市农业农村局.聚焦"三个突出"打造乡村振兴"生力军";龙岩市推进高素质农民培育 [EB/OL]. [2022-09-29]. http://www. crnews. net/zt/xczxkfj/bzqchzf/948564 _ 20220705090145.html.

善短期培训、职业培训和学历教育相互衔接的高素质农民培育新格局，着力培养和壮大一支生产经营、专业技能、专业服务等复合型高素质农民队伍，推动高素质农民科学文化素质、业务技能水平和经营管理能力显著提升。"十四五"期间，年均培训农业从业人员 10000 人次左右；到 2025 年，全市经认定的高素质新型职业农民稳定在 1.2 万名左右，45 岁及以下已认定新型职业农民中大专及以上学历人数占比达到 85%。苏州市将重点围绕持续优化农民培训模式、积极实施定向委培工程、统筹推进学历提升计划、探索推动分级认定管理、着力拓宽社保补贴范围、不断强化典型示范带动等六方面工作，不断促进高素质农民培育工作提质增效。

第四节　高素质农民培育的理论基础

高素质农民培育是农民教育极其重要的组成部分，为何要培育高素质农民，如何培育高素质农民，需要从理论上首先做出回答，如此才能在这些理论指导下，有效地组织高素质农民教育与培训活动，并构建相应的培育模式。

一、人力资本理论

西方经济学家把人力资本作为四大生产要素之一，在当今的知识经济时代，人力资本对一个国家国民生产总值的增加显得尤为重要。同样，人力资本在农村经济发展中的作用也是十分显著的。人力资本思想萌芽于西方经济学界。学者威廉·配第、亚当·斯密、阿尔弗雷德·马歇尔和卡尔·马克思等的研究对人力资本思想的形成有着举足轻重的作用，他们的研究成果使得人力资本思想在西方国家广泛传播，并进一步传播到世界上的其他国家,而现代人力资本理论在原来人力资本思想发展的基础上得到了更多学者研究的支持,从而进一步扩充。人力资本理论是新古典经济学研究框架中的一部分。其主要观点是,人力资源不仅是最核心的资源,而且是经济学研究的核心问题。与物质资本相比,人力资本在经济中的作用更为重要。提高人口质量是人力资本的核心内容。

20世纪50年代,被誉为人力资本之父的美国著名经济学家西奥多·W.舒尔茨在长期研究美国农业经济问题后发现,促进美国农业产量迅速增加和农业生产率迅速提高的重要因素是人的知识、能力和技术水平的提高,而不是土地、劳动力数量和资本存量的增加。1964年,舒尔茨在其获诺贝尔奖的著作《改造传统农业》中指出,在农业现代化进程中,人力资本投资在推动农业技术进步和改造传统农业中具有重要作用。他认为发展中国家农业面临的问题是人的质量不高,人的质量对农业发展是非常重要的,一点也不低于土地对农业发展的重要性。他认为,农业人口文化层次低、整体素质不高是发展中国家农村经济落后的主要原因,还揭示了提高人口质量与推动经济发展的内在关系,指出了人力投资的重要性,并论证了人力资本对国家经济增长的推动作用。他的观点被许多国家的专家所认可。同时,他还指出,发展中国家农业的落后是由政府实施的错误政策所造成的,即重视工业、轻视农业。政府改造传统农业的最好办法就是向农民进行投资,只要改变这些政策,对农民实施有效的激励,农民是能够做出理性决策的。

根据舒尔茨等人的观点,人力资本投资主要包括保健投资、教育投资、职业培训、迁移投资和信息投资等。其中,教育投资是指通过支付一定的成本使个人在学校里接受系统、正规的初等、中等和高等教育,是人力资本投资最核心的部分。职业培训是指由企业或其他机构举办,旨在提高职工生产技术水平或促进其学习和掌握新技能。职业培训按雇员是否离开工作岗位可分为在职培训和离职培训。职业培训一般周期较短,与正规学校教育具有互补性,正规学校教育侧重于教授基础性知识与能力,而职业培训则侧重教授应用性知识与能力,最典型的方式是干中学。

因此,舒尔茨对人力资本理论的贡献主要体现在以下四个方面:一是人力资本主要体现在劳动者这一方面,且在质和量这两个方面均有体现。要发展经济,人口质量比土地、人口数量更重要。二是人力资本是通过对人力的投资而形成的资本,具体体现在人自身的知识、技能、经验和熟练程度上。三是人力资本的关键投资是教育。教育对于促进人力资本的积累有着极其重要的作用。四是人力资本投资是经济增长的源泉。人力资本不仅要使个人受益,更重要的是要让社会受益。从收益率上看,人力资本要远高于物质资本。

人力资本理论表明:第一,教育与培训对人力资本的形成具有重要作用。鉴于传统的农民无须接受教育和专门职业训练,且大多缺乏学习和奋斗精神以及竞争和风险意识。若要想让农民成为一种职业,那么就要培育职业农民,使其在经过积极拼搏以及较长时期的学习和训练后,进一步提高其素质与能力,通过政府或社会权威性机构的认证,并扩大生产经营规模,提高社会影响力。第二,人力资本的形成促进了经济增长与经济发展。农民的知识、能力以及技术水平的提高有助于农业产量的增加和生产率的提高。这主要是因为受过教育的农民采用新技术的可能性更大,产出和收入也就更高。这充分说明职业农民的形成对构筑农民收入增长的长效机制、增强农民的自身能力起到至关重要的作用,是农业经济增长的主要源泉之一。

由此可见,人力资本理论已经隐含着农业现代化要从提高农民素质起步的观点。人力资本是促进经济增长最重要且活力最强的生产要素,对农业发展的作用不容低估。发展中国家改造传统农业的有效方法就是向农民进行投资,也就是对改善人口质量的投资,主要包括投资于健康和教育等方面。高素质农民作为我国全面实施乡村振兴战略的主力军,为乡村振兴提供了重要支点。高素质农民的培育能否取得成功将是我国农业是否能实现可持续发展和农村是否能保持繁荣兴旺的关键,而高素质农民培育的本质就是向农民进行人力资本投资。当前,中国已处于乡村振兴战略进程中发展现代农业的关键时期,人力资本理论对培育高素质农民具有重要的启示意义①。

改革开放以来,我国对农村教育发展的重视促使农民的受教育水平得到了较大幅度的提高。然而,由于有受过较好教育的青壮年劳动力持续不断地转入非农产业,造成我国现有的农业从业者的受教育程度依然偏低。当前,我国已处于发展现代农业的关键时期,但留守在农村的劳动力已远远无法满足我国乡村振兴建设和现代农业发展的需要。因此,必须重视对高素质农民的人力资本投资,加大培育力度。

二、系统理论

从哲学的角度看,自然界和人类社会中的大多数事物,都与其他事物之间普遍存在着相互联系、相互作用,这些事物都可以被视为系统。系统是由相互作用、相互联系的若干部分(要素)组成的,具有特定功能和结构的有机整体。由此可知,系统的形成需具备三个条件:系统必须由两个以上的要素组成;要素是构成系统的最基本单元,是系统存在的基础;要素之间有机联系、相互作用,即系统各要素之间、要素和系统之间、系统与环境之间都存在一定的联系,从而使系统具有一定的结构和功能。系统的整体功能并不是构成系统的各种要素功能的简单叠加,它是由系统内部的有机联系或结构所决定的。

系统理论是从事物的整体与部分以及层次关系的角度来研究客观事物的。该理论最显著的特点是强调事物的整体性、层次性和功能性。它的核

---

① 西奥多·W.舒尔茨.论人力资本投资[M].吴珠华,等,译.北京经济学院出版社,1990:44.

心思想主要包括：系统作为一个整体，它的性质和功能是各个组成要素在孤立状态下无法呈现的；系统整体和组成要素应该遵循不同层次上的规律，而系统整体的运动特征只有在比其要素更高的层次上才能被描述出来。

　　因此，从系统理论来看，首先，高素质农民培育及其模式构建，不仅包括培育目标、培育主体、培育对象、培育内容、培育管理、培育方式、培育评价等要素，还涉及政府、职业学校、培训机构、农民合作社、家庭农场等合作要素。这些因素本身就是一个完整的系统，各因素之间又相互联系和作用，而且其中的任何一个因素都有可能影响到高素质农民培育的效果。其次，高素质农民本身存在着不同的层次和类型，不同层次、类型的高素质农民之间相互影响、相互作用，从而对培育模式的构建产生影响。综上所述，高素质农民培育也是一个系统问题，通过运用系统理论进行研究分析，能够使新型职业农民培育更加科学化、合理化。

三、劳动力迁移的推拉理论

　　推拉理论是英国经济学家莱文斯坦等人最早提出来的。该理论认为，推力和拉力的相互作用是人口迁移的主要原因[①]。如果原住地农作物收成不好、缺少就业机会或居住环境恶劣，就会形成推力。如果一个地方收入高、公共设施好、文化氛围好以及气候适宜、环境优美，那么就会形成拉力。在大多数发展中国家，农业生产经营的比较效益低、公共设施落后等因素对农村劳动力形成推力。城市一般具有较高的收入水平，公共设施比较完善，并且有更多的就业机会，这些因素就会对农村劳动力形成拉力。培育高素质农民的关键就是要吸引一大批高素质的劳动力在农村从事现代农业生产

---

① LUCAS Jr R E. On the mechanics of economic development[J]. Journal of monetary economics，1988，22(1)：3-42.

经营,因此必须着力提高农业的比较效益以及农村的基础设施和公共服务水平,努力实现城乡一体化发展,使农民成为一种体面的职业。唯有如此,才会提高农业和农村的拉力,才会有更多的高素质劳动力愿意献身于我国农业和农村的发展,从而使我国早日实现农业的现代化[①]。

四、产业链理论

各农业经营主体要想在不断变化、竞争激烈的市场环境中稳定发展,必须依靠上下关联的产业链。1959年,赫希曼基于产业的前后向联系,提出产业链的概念[②]。史蒂文斯认为,产业链不仅是一个包括供应商、生产制造商、分销商、最终消费者的商品链,而且也是一个包括物流和信息流的系统,由于产业链中存在反馈的过程,物流、信息同产品同等重要[③]。

我国学者也对产业链进行了研究。例如,简新华提出,产业链是由经济活动中各产业依据前后向的关联关系所组成的[④]。郁义鸿认为,产业链是产品在生产加工过程中,从最初的原料到终端产品所包含的各个环节共同构成的整个纵向链条[⑤]。

由此可见,在农业产业链的构成要素中,必不可少的要素是农业产业链上下游产业之间的各个经营主体。由于受家庭联产承包责任制的约束,以及农业比较效益低等原因,我国传统农业的专业化程度低,生产效率不高,不利于农业产业链的形成与发展。农民职业化不仅有利于提高农业生产和

① 李伟.新型职业农民培育问题研究[D].成都:西南财经大学,2014.

② HIRSCHMAN A O . The strategy of Economic development[J]. Ekonomisk tidskrift,1958,61(2).

③ STEVENS G C. Integrating the supply chain[J]. International journal of physical distribution & materials management,1989,19(8):3-8.

④ 简新华.产业经济学[M].武汉:武汉大学出版社,2002.

⑤ 郁义鸿.产业链类型与产业链效率基准[J].中国工业经济,2005(11):35-42.

服务的专业化水平,也有利于提高农业的组织化程度。重视农业大户和家庭农场的生产功能,农民专业合作社和经营性农业服务组织的社会化服务功能,以及农业企业的农产品加工和销售功能,可以促进农业产业链中各环节的专业化细分。此外,高素质农民培育也有利于建立更佳的农业产业链模式,包括"农业企业＋农户""农业企业＋农民""专业合作社＋农户"等模式,实现从原材料、加工、生产到销售等各个环节的关联,确保原材料能转换成一系列产品,并不断增加价值,最终促进农业产业链的发展。

五、公共产品理论

萨缪尔森从与私人物品相比较的角度出发,首先提出了公共产品的严格定义。公共产品与私人物品的主要区别在于,私人物品只能为私人所消费,为个人提供效用,而公共产品则是供大家消费,每个人的消费一般在一定范围内不受影响,也可以为一个集体提供效用。萨缪尔森认为公共产品主要具有两个基本特征:一是非排他性。当提供某种公共物品后,可由多个人消费该物品,彼此又不能排除或者是难以排除,或者是排除的成本太大。二是非竞争性。当某个消费者在消费某种公共物品时,再增加另外的消费者也不会影响原有消费者的消费效用,即在消费该物品上,消费者彼此之间不存在竞争。根据上述两个特征,不同的物品可以划分为纯公共产品、准公共产品和私人产品。其中:同时具备上述两个特征的物品是纯公共产品,两个特征都不具备的是私人产品,只具备一个特征的是准公共产品。在确定一种物品是否为公共产品时,必须考虑受益者人数以及能否将这些受益者排除在享用该物品之外。当受益人数众多且不存在任何一个受益者在技术上不可行的情况时,该物品就可以看作是公共产品。在现实中,真正的纯公共产品很少,大多数物品都是介于纯公共产品和私人产品之间的准公共产品。市场机制在完全竞争的情况下可以实现效率最优,达到帕累托最优。

但是,市场机制在公共产品的领域里往往会失灵,市场机制无法完全提供公共产品,否则会出现公共产品供给不足的问题。因此,在公共产品的供给上政府就要承担起责任。

公共产品理论对培育高素质农民具有重要的指导意义。根据该理论,从高素质农民培育的特殊性质来看,高素质农民培育属于准公共产品。

(1)农业是自然再生产和经济再生产相互交织在一起的。在农业生产活动中,经济再生产以自然再生产为基础,受到自然再生产的客观过程和生态环境的制约。人们历代流传下来的,以及在实际生产生活中积累起来的农业方面的知识与技能被认为是共同享用的社会财富,每个人都能从中受益。对于高素质农民培育而言,培育的是农业知识,从效用上来看,具有不可分割性,即该产品有着明确的受众和目的,但是也具有受益的非排他性,一旦推出这个产品,也不会妨碍任何人去消费它。同时,高素质农民培育还具有非竞争性,目的在于发展农民的生产力、提高农民生活水平,而不在于商业竞争,因而,从本质上看,高素质农民培育属于公共产品的范畴。

(2)从农业生产以及对技术的使用过程来看,农业生产具有高度的相似性,对技术的使用也都具有非排他性,具体表现为:一项新技术一旦被提供出来,就可以被许多农民同时消费,且每增加一个农民所产生的边际成本为零。这表明,技术最初使用者的投资,既无法从其他农民那里取得补偿,又无法限制其他农民对该技术的消费,于是,最初使用者将被迫承担所有购买技术的花费,这就导致了科技投资供需调节市场的失灵,市场将无法使其投资达到经济的最佳水平。

(3)从农产品本性来看,大多数农产品具有低需求弹性的特点,技术进步带来的产量增长往往导致更大幅度的农产品价格的下降。若价格下降程度超过单位农产品生产成本的减少幅度,生产者收入反而会降低,此时的受益方为消费者。要促使生产者继续投资的话,就必须通过政府转移支付政策,如税收政策等,来补偿一部分农业科技投资,投资农业科技的任何私人企业是无法单独承担的。但是,也不能排除对于一些附加值高的农产品而言,企业也可能因为高新技术而获取超额利润,这足以弥补其投资成本。

(4)高素质农民培训过程具有外溢性。这种外溢性主要是由于在高素质农民培育过程中存在着示范与模仿效应、前后向联系效应以及人力资本流动效应。此外,农业生产对气候、温度、降雨量等自然环境和气候条件的变化比较敏感,高素质农民培育也会受到地域环境的影响。我国农业生产以家庭为基本生产单位的小规模经营为主,高素质农民培育受到农户经营规模的制约;农民文化科技素质普遍较低,对现代农业技术缺乏了解,使得技术的更新缓慢,导致从使用传统技术转向使用新技术需要付出较大的调整成本。这些因素使得高素质农民培育的供给在很大程度上具有公共物品的属性,需要政府部门的参与。于是,高素质农民培育过程以及培训扩散过程的特殊性,使得与高素质农民培育相关的知识与信息具有公共物品属性。

不过,并不排斥还有部分高素质农民培育具有私人物品的属性,如高附加值的种植、养殖和花卉栽培等技术,其产品市场价值高,经济效益好。因此,从经济学关于物品性质的分类上看,高素质农民培育不属于纯粹的私人物品,也不完全属于纯公共产品特性,是准公共物品。

第五节　高素质农民培育的现实需要

高素质农民培育是解决"谁来种地"问题的根本途径。同时,它也是加快农业农村现代化建设的战略任务,关系到稳定的农民队伍的建设,是保障国家农业安全的前提。当前,农村社会老龄化趋势显而易见,老年人不仅知识老化,也力不从心,科技需求十分微弱,难以担当现代农业主体责任,农业劳动力后继缺人是国家农业安全的潜在危险。因此,国家必须培育一支高素质的农民队伍,以适应现代农业对从业者的需要。此外,高素质农民具有稳定性,唯有稳定,农民对农业才有长远规划,才能培养农民珍惜土地的感情以及对耕地投入的热情。只有农民队伍稳定了,才能积累起丰富的农业经营经验。雇工农业不可能培育出稳定的高素质农民队伍。随着工业化和城镇化进程的加快,大量农村青壮年劳动力进城务工,导致在农村务农的劳动力数量大幅度减少,农业劳动力兼业化、老龄化、女性化、低文化的特征越来越突出。大部分地方农民的平均年龄超过了 50 岁,文化程度以小学及以下为主,那么,农村未来"谁来种地""如何种好地"的问题就成为制约农业发展的现实难题。因此,迫切需要加快推进高素质农民培育工作,吸引一大批年轻人回乡务农、创业,形成一支高素质农业生产经营者队伍,解决农村"谁来种地"的问题,确保农业发展后继有人。培育高素质农民,不仅解决了"谁来种地"的现实难题,而且也解决了"怎样种地"的深层问题。于是,培育的高素质农民就可以为乡村产业振兴提供强有力的人才支撑,推动农村产业升级,实现乡村全面振兴。

一、高素质农民培育有助于构建新型农业生产经营体系

当前形势下,"谁来种地"是农业农村发展进程中面临的一个重大而紧迫的课题。党的十八届三中全会通过的《关于全面深化改革若干重大问题的决定》提出:要加快构建新型农业经营体系,坚持家庭经营在农业中的基础性地位,推进家庭经营、集体经营、合作经营、企业经营等共同发展的农业经营方式创新;鼓励承包经营权在公开市场上向专业大户、家庭农场、农民合作社、农业企业流转,发展多种形式的适度规模经营;鼓励农村发展合作经济,鼓励和引导工商资本到农村发展适合企业化经营的现代种养业。以专业大户、家庭农场、农民合作社、农业龙头企业和农业社会化服务组织等为代表的新型农业经营主体,是提升农业竞争力、发展现代农业、推动美丽乡村建设、实施乡村振兴战略的重要力量,是发展现代农业、确保农业发展

后继有人的重要支撑。党的十九大报告指出，构建现代农业产业体系、生产体系、经营体系，完善农业支持保护制度，发展多种形式适度规模经营，培育新型农业经营主体。落实中央关于构建新型农业经营体系、创新农业经营方式、促进一二三产业融合发展的农业发展思路，不仅需要政府的鼓励、扶持和投入，更需要亿万农民的广泛参与。高素质农民是新型农业经营主体的重要成员，是家庭经营的基石、合作组织的骨干、社会化服务组织的中坚力量，也是繁荣乡村经济的重要力量。随着土地流转制度体系的不断完善，产生了一大批新型经营组织模式，为农业规模化经营提供了必要保障。然而，实现农业规模化经营，对农业专业化生产技术、管理能力等方面提出了更高要求，从而推动农业生产者的培育重点向新型职业农民方向发展[①]。可以说，没有高素质农民，就没有新型农业经营主体。大力培育高素质农民是打造具有中国特色社会主义的农业发展道路的现实选择，是促进城乡统筹发展的重大制度创新，是转变农业发展方式的有效途径，更是建设新型农业生产经营体系的重点工程和战略选择。只有把高素质农民培育作为一件关乎长远、关乎根本的大事来抓，通过技术培训、政策扶持等措施，培养一批农业带头人发展现代农业，留住一批拥有较高素质的青壮年农民从事农业，吸引一批农民工返乡进行创业，才能逐步发展壮大新型农业经营主体，不断增强农业农村发展活力，确保农业后继有人，推进新型农业生产经营体系的构建。

二、高素质农民培育有助于完善乡村人才队伍建设

通过培育高素质农民，不断提高农民的技能水平，是实现乡村振兴的重

---

① 李爱琴,王逸豪.新型职业农民培育的动力结构、实践困境与优化路径[J].农业经济与管理,2021(3):71-79.

要手段。推进乡村振兴、促进农业农村发展必须像扶贫开发那样强化"扶智"和"扶志",注重调动农民群众的积极性、主动性和创造性,注重培育农民群众发展生产和务工经商的各项技能,注重激发农村地区和农民群众自我发展能力。加强乡村人才队伍建设,加大内生动力培育力度,是实施乡村振兴战略,促进农业农村发展的必要路径。然而,人才队伍的建设与内生动力的加强又离不开对高素质农民的培训教育,因此高素质农民培育有助于强化人才对农业农村发展的支撑作用,在新的发展环境下,这种支撑作用还在不断增强,主要体现在:在带头致富和带领农民群众实现乡村振兴中的作用不断提高,在承接应用农业科技成果、保障主要农产品有效供给方面的作用进一步提升,在提高农业竞争力和农民组织化程度、促进农民就业增收等方面的支撑作用更加突出,在农业生产服务、农村能源环保、动植物重大疫病防控、农产品质量安全等领域的示范带动作用进一步加强。

众所周知,乡村振兴战略的实施关键在于人才的振兴,而乡村人才振兴又包含着农业科技人才队伍、农村专业人才队伍、农村创新创业人才队伍、农村乡土人才队伍和高素质农民队伍的打造,高素质农民培育是乡村人才振兴的重要组成部分和关键环节。高素质农民作为农村实用人才的主体,其中相当一部分人是具有高学历或者相关农业技术的人员,他们可以利用所学的知识和专业技术开展农业生产,促进乡村振兴。

在人才振兴的视角下,乡村振兴与高素质农民培育存在多重价值目标的耦合关系,乡村产业振兴、乡村文化振兴、乡村生态振兴、乡村组织振兴、乡村人才振兴与高素质农民培育的目标基本耦合。通过优化乡村人才振兴制度体系,完善高素质农民培育体系,推动高素质农民培育与乡村振兴之间的双向良性互动,创新乡村人才治理体系,可以为乡村振兴提供人才推力和精神动力。一方面,高素质农民培育为乡村振兴战略提供了人才支撑;另一方面,乡村振兴战略又为高素质农民培育提供了发展平台。两者相辅相成,共同促进农业农村的高质量发展。

（一）高素质农民培育为产业振兴提供人才支撑

高素质农民具备现代农业生产经营的先进理念，拥有现代农业所要求的能力素质，是农业企业、农业产业发展壮大的根本。相较于采用传统小农模式进行生产的农民，高素质农民的思想更加开放、受教育程度普遍较高，可以大幅度提升农业生产的质量与技术，实现服务性与技术性的统一，为现代化农业注入新生动力。为此，要因地制宜，不断壮大新型农业经营主体，结合地方资源优势、农业产业优势等，科学布局农业产业，打造特色产业，实现农业产业化、标准化、规模化，使农业产业的布局不断优化，规模化效应明显提升，进而增强农业产业的竞争力，带动现代农业产业的发展，推动一二三产业深度融合。当前，返乡、下乡创业热潮正兴，返乡人数高达740万人，年增速超过100万，有望成为农业劳动力的重要补充，进而优化结构。在这样的背景下，需要更多高素质农民协助他们尽快熟悉农业产业特征，填补农业知识上存在的缺口，提升创业成功率，进而带动更多人才回流农村创业、发展[①]。培育高素质农民是关系现代农业发展的战略性、基础性、长期性的重要工作，有利于为推动农业供给侧结构性改革、开创农业农村发展新局面，有利于为乡村振兴战略中的产业振兴提供人才支撑。

（二）高素质农民培育为文化振兴提供人才支撑

农村在历史的积淀中积累了优秀的传统文化，然而，随着新型城镇化的快速发展，很多乡村特有的历史非物质文化记忆正在逐渐减少，甚至逐渐消失，村文化的这种发展趋势和面临的调整已成为制约乡村振兴的瓶颈和短板，是乡村振兴中文化振兴亟待解决的现实挑战和问题。在高素质农民培育过程中，参与者不仅在农业专业技能、农业职业素养等多方面得到了全面提升，更在思想观念上发生了根本性的改变，在思想道德水平上得到了全方位的加强。高素质农民不但懂农业、爱农村，而且对乡村文化理解颇深，充

---

① 刘云.高素质农民在乡村振兴中的作用研究[J].农业开发与装备,2022(1):16-18.

分尊重乡村文化,有较强的文化创意思维能力和较浓的乡土情结和乡土意识,能充分意识到乡村文化的发展趋势,深知乡村文化对于乡村振兴的重要性。因此,培育高素质农民有助于为文化振兴提供有效途径。

(三)高素质农民培育为生态振兴提供人才支撑

生态振兴实际上就是要使经济、生态、社会和农民和谐发展、良性互动,其根本措施就是让农民寻求一种合适的农业绿色发展模式和科学合理的生产方式,根据市场供需来科学组织生产活动,实现和市场的精准对接,推动乡村经济发展与生态文明建设。随着经济的发展,需建立健康绿色生态产业集群,全面推动农业绿色化、生态化发展,形成绿色生态全产业链,实现生态振兴、人与自然和谐共生,走绿色化、生态化发展道路。高素质农民培育必须坚持以质量兴农、绿色兴农、品牌强农为导向,以满足农民需求为核心,以提升培育质量为重点。最终,培育出与农村现代化、农业绿色化发展相适应的高素质农民队伍,将他们从土地里解脱出来,通过整合生产要素来调整优化农业产业结构,为生态振兴提供人才支撑,最终培育出坚持走农业绿色发展道路的坚定践行者。

三、高素质农民培育有助于实现农业农村现代化发展

农业现代化是中国式现代化建设的重要内容。根据世界农业发展的一般规律,结合中国农业经济相对落后的国情,发展现代农业是促进农业发展、增加农民收入的根本途径,关乎中国千万农村家庭的幸福生活,是当前我国重要的国家任务。然而,经济社会的快速发展使得传统的小农经营模式体制已经不能满足农业现代化发展的需要。高素质农民的出现是发展现代农业的必然要求,其作为农业现代化建设的重要推动者,是现代农业三大体系的建立基础。现阶段,中国农业的从业主体,从组织形态看是龙头企

业、家庭农场、合作社和种养大户等,从个体形态看则是高素质农民。

"十四五"是现代农业深度融合发展的关键时期。中共中央在《"十四五"规划和 2035 年远景目标建议》中规定,十四五期间要全面实施乡村振兴战略,强化以工补农、以城带乡,推动形成工农互促、城乡互补、协调发展、共同繁荣的新型工农城乡关系,加快实现农业农村现代化。高素质农民作为新型农业经营主体,通过发展农村电商、休闲农业、创意农业等,不断创新生产经营模式,促进一二三产业融合发展,推动农村产业转型升级。同时,高素质农民可以为周边农户提供技术指导、购买农资、销售农产品,以及提供农业信息和就业服务等,对周边农户起到了很好的辐射带动作用[①]。由此可见,在加快培育农民合作社、家庭农场等新型农业经营主体,健全农业专业化、社会化服务体系,发展多种形式适度规模经营,实现小农户和现代农业有机衔接的过程中,更需要高素质农民发挥带头示范作用,这样才能形成一支高素质的农业生产经营者队伍,才能担当起现代农业建设的历史重任。

因此,积极推进高素质农民队伍的建设是培育现代农业的现实和未来,是我国农业现代化发展的必由之路。随着新型农业经营主体的逐渐增多,农业生产加快向产前、产后延伸,分工分业成为发展趋势。具有先进生产技术、较强市场经营能力且善于学习先进科学文化知识的高素质农民成为发展现代农业的现实需求。我们必须进一步发挥高素质农民作为劳动力要素主体的作用,加强农业集约化、专业化和组织化、现代化和社会化的水平,提高全要素生产率,增强农业现代化发展动力,使其肩负起促进农业转型升级的时代使命[②],成为建立现代农业管理体系的支持者。

---

① 蔡利国,董建强.培育高素质农民推进农业农村现代化进程探讨[J].现代农业科技,2020(14):233-234.
② 刘展宏,张芳.关于高素质农民培训工作的思考[J].农业工程技术,2021,41(21):96-97.

四、高素质农民培育有助于确保重要农产品有效供给

农为邦本,本固邦宁。当前,培育高素质农民是确保国家粮食安全和重要农产品有效供给的迫切需要。我国虽然成功解决了十几亿人口的吃饭问题,但想要把饭碗牢牢端在自己手里,仍然面临很大压力:一是农业自身存在一定的不稳定性。农业生产易受气候、土壤等客观因素的影响,在产量上有一定的波动。二是人口总量的不断增加、城镇人口比重的不断上升、居民消费水平的逐步提高以及农产品的工业用途不断拓展,造成我国农产品需求逐渐呈刚性增长。要想稳定农业产量,提高农业综合生产能力,让十几亿中国人既吃饱吃好又吃得安全放心,最根本的还得靠农民。尤其是要靠能够提高农业生产效率的高素质农民。高素质农民培育的目的就是大批量地培养高素质农民,提高农民的专业素养、技术,并且帮助农民学会利用现代科学技术提高生产率。唯有如此,农业问题才能得到更好的解决,粮食安全也才能得到有效保障。

2021年中央一号文件再一次强调:要坚持农业科技自立自强,加快推进农业关键核心技术攻关,深入推进农业供给侧结构性改革,推动品种培优、品质提升、品牌打造和标准化生产;要建设高标准农田,真正实现旱涝保收、高产稳产。该文件中的一系列政策均说明了农业现代化对中国四个现代化实现的重要性。

五、高素质农民培育有助于推进现代农业实现转型升级

当前,我国正处在改造传统农业、发展现代农业的关键时期,农业生产经营方式正从单一农户以种养和手工劳动为主的自给自足经营,向主体多元、领域拓宽、广泛采用农业机械和现代科技的市场化生产转变。现代农业

已发展成为一二三产业高度融合的产业体系。高素质农民作为现代农业产业生产和经营体系中的重要一员,对农村产业结构持续转型、升级过程能起到良性促进作用,不仅能使当前农业生产方式转变成现代化生产模式,也能引领农村产业形态的改变,使得由最初的初级产品的生产加工模式转型为深度加工的综合性模式,促进农业种植生产与农村产品加工、营销更有效的结合,进而延长农村产业链,打通现代农业产业融合链条。这不仅能提升农产品的实用价值,还能构建出具有地域特色的品牌,逐渐建立起农村贸易经济的大格局,形成新产业、新业态。由此可见,培育高素质农民是推进现代农业转型升级的迫切需要。只有培育出一大批有文化、懂技术、善经营、会管理的高素质农民,才能推进城乡资源要素的优化配置,以及实现现代农业转型升级,使现代农业发展呈现新的局面。

第三章　与时俱进的制度创新：
高素质农民培育的基础

高素质农民培育的基础是建立在家庭承包经营基础上的、适应社会主义市场经济体制的现代农业管理体制及其运行机制，这也是农业制度创新的核心。当前，从促进生产力发展的角度出发，要着力做好以下三个方面的制度创新。

第一节　土地制度改革创新与完善

农村土地制度必须在完善以家庭联产承包为主的双层经营体制基础上来鼓励土地使用权的依法转让，有条件的地方逐步推进土地适度规模经营。在具体操作上，可以按照强化所有权、明确发包权、稳定承包权、放活使用权的思路开展，并把放活土地使用权、建立土地流转机制作为重点，以推进现代农业规模经营的发展。

一、明确土地所有权主体

目前，我国农村土地多数由村民小组管理，由于村民小组组织分散、实力薄弱、构成单一、管理水平低，使得土地所有权主体及土地产权市场的规范管理难以健康发展。因此，应从政策上进一步明确，通过民主方式选举产生的村民委员会是农村土地所有权的主体，在法律规定的范围内拥有对土地的占有、使用、收益和处置的权利，可以通过对土地的发包、转让、出租、入股、抵押等实现其所有权。

二、具体界定承包经营权

农户在与集体签订土地承包合同，取得土地经营权之后，是一个相对独立的经济主体，拥有土地承包经营权，在承包期内可以依法转让（转包）、出租、抵押、入股、继承，可以根据市场供求关系按价值规律实行流转。同时，对承包地的流转必须严格限制，不得随意改变用途，也不得抛荒或掠夺式经营，否则，村民委员会可依法收回土地承包权，并对当事人进行处罚。要建立规范的地租、地税制度，从根本上解决农村各级行政组织随意征用土地及农户向集体经济组织交纳村提留、乡统筹的不确定性和不稳定性等问题，依法通过地租形式实现土地所有者的收益权，采用税收手段调整土地的收益分配，逐步通过市场机制实现对承包土地的配置。

三、建立土地股份合作制

土地股份合作制，是将农民的土地承包经营权转变为长期股权，流转给股份合作制企业经营，农民依股权从土地收益中按一定比例获得分配的一种土地经营模式。它是在家庭为基本经营单位的基础上扩大了家庭经营的规模，是在以家庭联产承包制这一分配方式基础上进一步引入股份分红的办法，使土地的价值形态与实物形态分离，并通过农户对土地价值形态的占有，逐渐淡化农户对土地实物形态的占有，使得土地便于集中，以促进土地适度规模经营。同时，由于农户原来承包的责任和义务关系不变，生产状况的好坏将直接与其自身利益相关，仍可保持原有的激励机制，并通过有效的监督,提高劳动生产率,获得更多的利益。这种制度把维护集体所有权、稳定农户承包权和搞活土地经营权有机地结合起来,推进了土地的规模经营。

四、促进土地产权市场的发育

土地产权的流动本质上是土地产权的再配置,其目的是减少土地资源浪费,提高土地生产力,优化对土地资产的配置。当前,应改变土地统一由行政调整的做法,继续加快农村土地产权制度改革,促进土地经营退出机制的建立和完善,建立市场化的土地使用权流转机制,为农业适度规模经营创造有利条件。

土地产权交易交由市场进行配置,可减少在行政调整下的一系列开支,市场会通过价格、供求、竞争信号自发调节土地使用权,从效率低的农户向效率高的农户流动,实现土地转让的公平性和竞争性。就目前来看,首先,应明确产权交易范围。要改变集体土地所有权只局限于集体向国家的单向纵向流动的格局,超越社区所有制的范畴,允许土地所有权在集体经济组织之间,包括土地股份合作企业之间进行流转,这样能在更大范围内实现土地的集约经营和规模经营,提高土地经营的劳动生产率和土地生产率。同时,要加强地权交易立法。此外,还要对土地产权交易市场、产权交易评估机构、产权交易主体、产权交易价格、产权交易程序、产权交易各方的权利义务作出明确的法律规定,建立土地产权流转规则。

第二节 生产经营制度创新

家庭联产承包责任制的实行极大地促进了农村经济的发展,实现了中国农业和农村经济的第一次飞跃。然而,以家庭为基本生产单位的家庭经营,其职能是有限的,不可能完全解决农业现代化过程中的所有问题。随着农业生产的发展和生产力水平的提高,家庭经营的局限性与现代农业之间的矛盾日渐突出。

一、大力推行合作制、股份制、股份合作制等农业产业化的有效组织形式

要从实际出发,因地制宜,因势利导,根据不同地区、不同行业、不同企业、不同项目采取不同的形式,引导企业与农户联盟。要在自愿互利的基础上,充分尊重农户与企业的意愿,切忌"一刀切"和"拉郎配"。

二、大力培植龙头企业

为了提高职业农民培育的吸引力,应大力发展农业龙头企业、农民专业合作社等产业化经营组织,增强实力,提高其对农户的带动能力。尤其是龙头企业,是产业化经营赖以生存和发展的核心,其经济实力和牵动能力的强弱,直接影响其开拓市场、引导生产、搞好服务的综合功能的发挥,也决定着产业化的规模大小和经济效益的高低,所以,应该把龙头企业建设成管理水平先进、经济力量强大、技术力量雄厚的现代化企业,充分发挥其在加工上的龙头作用,以及市场方面的中介与服务中心的作用。由于农业产业化水平高,若能够充分挖掘农业优势资源,农民在产业链发展中也能获得相应的实惠,可提高普通农户向职业农民转变的积极性。因此,要根据农业产业化的要求,大力培植龙头企业,并正确认识龙头企业与一般农副产品加工企业的本质区别;充分发挥各种经济成分的龙头企业的作用,既要重视国有企业、集体企业,也要重视股份制企业、个体私营企业;要在金融信贷、财政拨款、上级专项扶持资金等方面,大力支持已确立的各种形式的龙头企业,进

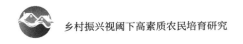

一步增强龙头企业的经济实力和竞争能力。

三、建立健全以合同（契约）为纽带的利益分配机制

在农业产业化中，一切经营活动的出发点和归宿都在于企业的盈利和农户的增收。如果企业无利可图，则无合作实体存在的可能性；如果农民得不到实惠，必将弱化合作的积极性，失去实体的凝聚力。所以，必须建立健全以合同（契约）为纽带的利益分配机制，要坚持社会主义市场经济体制的目标取向，遵循价值规律和平等交换的市场经济法则，追求利益的一致性和合理性。总之，要凭借相对稳定的利益机制去充分调动生产者和经营者的积极性，使农业产业化这一新型的生产经营制度，在农业现代化建设中发挥更大的作用。

第三节　农业保险制度创新

农业是国民经济活动最基础、最重要的产业，也是自身效益最低、社会效益最高、风险最大的产业，没有哪一个产业能像农业那样受到外部条件如此严酷的制约。在计划经济和传统农业条件下，农业风险主要表现为生产过程中的自然风险。但随着我国社会主义市场经济体制的确立和现代农业领域的不断拓宽，除了生产过程中的自然风险外，与市场经济相伴随的各种农业风险也相应产生。一是源于生产过程的自然风险和技术风险。二是源于农产品产前、产后各个流通和消费环节的市场风险。三是现代农业的发展，要求不断增加现代物质和资金投入，并采用先进的农业科学技术，因而产生较高的投资风险和技术风险。农业生产的弱质性，农产品市场的高风险性，以及农业对国民经济稳定发展的特殊性，决定了在社会主义市场经济条件下,建设现代化农业必须建立一套相应的农业保险制度。加强农业风险管理,提高农业抗风险能力,这已不仅仅是农业管理的重要内容,同时也是现代农业经济活动不可缺少的组成部分。因此,创新农业保险制度已刻不容缓。

一、建立、健全农业风险管理的法律法规

农业保险是政府扶持现代农业发展的政策体现。因此,要建立、健全农业保险的法律、法规,用具体、明确的农业保险立法来约束政府及农业生产经营者经营和参加农业保险的行为,并科学地设置农业保险条款,制定出符合国情的、适合农业生产实际的、有利于调动各方投保积极性的、可操作性强的农业保险条款体系,包括险种、费率、定损标准等在内,从而建立起以农业保险为主,灾害救济为辅,自然风险、技术风险、市场风险有机结合的农业保险管理制度,使农业风险管理活动走上制度化、法律化的轨道。

二、建立以政策性的国家农业保险机构经营为主,商业性保险公司经营为辅的保险体制

改革现行的农业保险经营体制,首先,应普遍推广政策性农业保险制度。政策性农业保险主要以防范、躲避、减少风险为目标,也可委托商业性保险公司开展政策性保险,政府给予补贴。其次,搞活商业性农业保险。允许以单项险种为主要经营范围,打破独家经营局面,引入竞争机制,降低保险费率。再次,建立农村保险互助合作社,按合作社原则,采取入股方式筹措保险基金,建立独立核算、自主经营、民主管理、风险共担、利益共享、互助互济的自我服务性群众性保险组织,并辅以政府扶持的农业生产经营者。最后,建立农业再保险市场。通过再保险,使各保险组织本身也成为被保险

的对象。

三、完善灾害救济制度

要科学划分自然灾害等级,将自然灾害等级的指标体系作为确认受灾救助的依据;建立与现行财政、税收制度相适应的救助经费比例分摊机制,加强经费使用监察;提高救济工作的透明度、公正性及效率,依法严惩挪用救灾款物的违法行为。

四、逐步建立农业技术风险管理制度

一是建立农业高新技术应用风险储备金制度;二是开办农业技术应用保险,把不确定的风险损失转为固定的保费支出;三是建立技术经济合同制度,使农业生产经营者共同承担技术风险;匹是提供完善的技术信息咨询服务。

五、完善农业市场风险管理机制

第一,完善农产品价格制度。具体包括农产品支持价格制度和农资最高限价制度。农产品支持价格制度是改善人为扭曲市场价格、刺激盲目生产、加大农业市场风险弊端问题的有效途径。因此,必须建立和完善农产品支持价格,切实根据市场平均价格水平、当年生产成本、通货膨胀及趋势、今后几年农产品供求状况预测、农产品国际价格水平等因素,确定农产品保护价格。农资最高限价制度是与农产品支持价格相辅相成的重要制度。如果没有农资最高限价制度与农产品保护价格制度相配套,则农产品支持价格难以落到实处,甚至在一定程度上还会加大农业的市场风险。

第二，建立农产品专项储备制度。农业行政管理部门应根据农作物耕种变化、市场行情以及自然灾害情况，灵活动用储备进行吞吐调节，从而防止农产品价格的大幅度波动，减少市场风险对农业的冲击。

第三，培育农产品市场体系。该体系主要包括现货市场、期货市场和中介服务组织。要建立高效、完备、畅通的农产品现代市场和国际出口市场，拓宽市场时空，从而减少农产品积压跌价的市场风险；要尽快制定完备的期货市场交易规则和监管制度，有效抑制投机行为，真正使期货市场成为分散、转移农业市场风险的有效途径；要努力发展市场中介服务组织，尤其是农民自有的服务性组织，减少中间流失，提高农民收入。

第四章　健全完善的服务体系：
高素质农民培育的保障

　　现代农业需要分工合作，才能形成合力，促进农业发展。然而，中国农村面临人力资源缺乏、农业服务链条过短、农业机械化水平较低等问题，因此，发展农业现代化离不开健全完善的服务。农业社会化服务组织广泛开展面向广大农户发展需要的农业社会化服务，推动小农户与现代农业有机衔接，让他们分享更多产业增值收益，从而激发广大农户生产经营的积极性、主动性、创造性。同时，农业社会化服务组织通过集中采购生产资料、规模化机械作业，开展标准化生产和科学化种植，能够有效提高单位土地面积的粮食产出量，实现降本增效，提升农产品品质，增加农产品供给。农业生产的社会化服务水平的好坏、覆盖范围的广度、服务效率的高低，直接影响规模经营水平和农业生产效率。而且，高素质农民是农业社会化服务的重要服务对象，只有充分了解其真实的需求，才能为其提供更有针对性的服务。由此可见，完善的农业社会化服务体系是高素质农民培育的保障。

第一节　概述

一、农业社会化服务的概述

(一)农业社会化服务的定义

农业社会化服务是指与农业相关的社会经济组织为农、林、牧、副、渔各业发展需要而提供的各种服务。它是随着农业生产从分散、孤立、自给自足的小规模生产向分工精细、合作广泛的商品化社会生产转变而产生的，这是农业产业化发展和城乡一体化发展的客观要求。农业社会化服务是一个十分宽泛的概念，其主要内容包括物资供应、生产服务、技术服务、信息服务、金融服务、保险服务，以及农产品的包装、运输、加工、贮藏、销售等方面。

(二)发展农业社会化服务的现实意义

发展农业社会化服务，是激发农民生产积极性、发展农业生产力的重要方式，已成为构建现代农业经营体系、转变农业发展方式、加快推进农业现代化的重大战略举措。

(1)发展农业社会化服务是中国实现农业现代化的必然选择。人均一亩三分地、户均不过十亩田的小农生产方式，是我国农业发展需要长期面对的基本现实。这决定了我国不可能在短期内通过流转土地搞大规模集中经营，也不可能走一些国家高投入高成本、家家户户设施装备小而全的路子。再加上当前中国大量农村人口涌入城市就业，导致农村空心化、老龄化严重，农业发展缺乏基础劳动力。当前，最现实、最有效的途径就是通过发展农业社会化服务，将先进适用的品种、技术、装备等现代生产要素导入小农户生产,帮助其解决一家一户干不了、干不好、干起来不划算的事情,促进小农户和现代农业发展有机衔接,推进农业生产过程的专业化、标准化、集约化,以及服务过程的现代化,从而实现农业现代化。

(2)发展农业社会化服务是保障国家粮食安全和重要农产品有效供给的重要举措。随着农业生产成本不断上涨,粮食等重要农产品的比较效益越来越低,导致农业生产主体积极性不高,国家粮食安全和重要农产品有效供给面临严峻挑战。从目前形势看,降成本、增效益是保供给、固安全的关键。发展农业社会化服务,通过服务主体集中采购生产资料,可以降低农业物化成本;统一开展规模化机械作业,可以提高农业生产效率;集成应用先进技术,开展标准化生产,可以提升农产品品质和产量,实现优质优价。农业社会化服务已成为促进农业节本增效、农民增产增收最有力的措施。

(3)发展农业社会化服务是促进农业高质量发展的有效形式。与农业高质量发展的要求相比,我国农业面临化肥农药用量大、利用率低,技术装备普及难、应用不充分,农产品品种杂、品质不优,以及农民组织化程度低等问题,迫切需要用现代科学技术、物质装备、产业体系、经营形式改造和提升农业。实践表明,农业社会化服务的过程,是推广应用先进技术装备的过程,是改善资源要素投入结构和质量的过程,是推进农业标准化生产、规模化经营的过程,有助于提高农业组织化程度,转变发展方式,加快农业转型升级,实现质量兴农、绿色兴农和高质量发展。

(三)推进农业社会化服务的具体做法

推进农业社会化服务,是构建现代农业经营体系、转变农业发展方式、加快推进农业现代化的重大战略举措。

一是要推动各类服务主体共同发展。以提供农业社会化服务为主的各类专业公司、农民合作社、供销合作社、农村集体经济组织、服务专业户等主体,各具优势,各有所长,要推动这些主体各尽其能、共同发展。要把专业服务公司和服务型农民合作社作为社会化服务的骨干力量，推进其专业化、规模化，不断增强服务能力，拓展服务半径。要把农村集体经济组织作为组织小农户接受社会化服务的重要力量，充分发挥其居间服务的优势。要把服务专业户作为重要补充力量，发挥其贴近小农户、服务小农户的优势，弥补其他服务主体的不足。要发挥供销、农垦、邮政的系统优势，着力完善服务机制，不断增强为农服务能力。同时，要鼓励各类服务主体以资金、技术、服务等要素为纽带，加强合作，促进融合发展。推动服务主体与银行、保险、邮政等机构深度合作，实现优势互补、互利共赢。

二是要积极拓展服务领域。坚持需求导向，聚焦粮、棉、油、糖等重要农产品主产区，聚焦生产的关键薄弱环节，加大对社会化服务的引导支持力度，为保障粮食安全和重要农产品有效供给提供支撑。在此基础上，引导服务主体积极开辟新的服务领域，探索开展社会化服务的有效方法路径，推动服务范围从粮棉油糖等大宗农作物向果、菜、茶等经济作物拓展，由种植业推进到养殖业，由产中延伸到产前、产后等环节以及金融保险等配套服务，加快推动农业社会化服务向全产业链延伸，不断提升社会化服务对农业全产业链及农林牧渔各产业的覆盖率和支撑作用。

三是要不断创新服务机制。鼓励服务主体积极创新服务模式和组织形式，大力发展多层次、多类型的专业化服务。要把农业生产托管作为推进农业社会化服务、发展服务带动型规模经营的重要方式，因地制宜发展单环节、多环节、全程生产托管等服务模式，有效满足多样化的服务需求。大力推广行之有效的"服务主体＋农村集体经济组织＋农户""服务主体＋各类新型经营主体＋农户"等组织形式，促进各主体紧密联结，形成利益共享、风险共担的利益共同体。推动农资企业、农业科技公司、互联网平台等各类涉农组织向农业服务业延伸，采取"农资＋服务""科技＋服务""互联网＋服务"等方式，推进技物结合、技服结合，实现业务拓展、创新发展。

四是大力推进资源整合。要按照资源共享、填平补齐的要求，把盘活存量设施、装备、技术、人才及各类主体作为重点.围绕农业全产业链,探索建设多种类型的农业综合服务中心,提供集农资供应、技术集成、农机作业、仓储物流、农产品营销等服务于一体的农业生产经营综合解决方案,破解农业生产主体做不了、做不好的共性难题,实现更大范围的服务资源整合、供需有效对接,促进资源集约、节约和高效利用。加快推进中国农业社会化服务平台试点和全面应用,不断完善平台功能,逐步引入银行、保险、担保等机构,共同为服务供需双方提供线上线下一站式、便捷化服务。

五是努力提升科技水平。充分发挥农业社会化服务在集成推广应用绿色优质新品种、先进适用技术和现代物质装备中的重要作用,促进服务与科技深度融合,着力解决农业科技落地的"最后一公里"问题。鼓励服务主体充分利用互联网、大数据、云计算、区块链、人工智能等信息技术和手段,加快推进农业社会化服务数字化转型,推广应用遥感、航拍、定位系统、视频监控等成熟的智能化设备和数据平台,对农牧业生产过程、生产环境、服务质量等进行精准监测,提升农业的信息化、智能化水平。因地制宜,发展一批适应不同耕作环境的农业机械,提高农业机械化水平,提升农业耕作效率。鼓励服务主体与高等院校、职业学校、科研院所等加强合作,开展服务行业重大关键技术和装备研发,解决服务主体普遍面临的技术、装备、人才等难题。

六是持续强化行业指导。鼓励相关部门、服务主体、行业协会等以县为基础,研究制定符合当地实际的服务标准和服务规范,加强标准体系建设,强化服务过程指导和服务效果评估,加快提高农业社会化服务发展质量。加强服务价格监测,防止价格欺诈和垄断。强化服务合同监管,推广使用示范文本,规范服务行为,保障农户权益。加强服务组织动态监测,鼓励地方建立服务主体名录库,推动服务主体信用记录纳入全国信用信息共享平台。鼓励建立全国性或区域性的农业社会化服务行业协会、行业联盟等,发挥其联系政府、服务会员、整合资源、自律规范的功能。

二、农业社会化服务体系的概述

农业社会化服务体系是指由众多为农业生产经营主体提供各种服务的社会经济组织所构成的一个网络体系。它是利用一切社会力量，使规模相对较小的农业生产单位适应市场经济体制要求，获得规模化生产效益的社会化农业经济组织形式。通过农业社会化服务，可以把千家万户的农业生产者联系起来，使农业生产形成一定的规模，提高其效益，从而促进我国农村经济的发展。农业服务体系涉及面、环节众多。从提供主体来看，与农业相关的社会经济组织包括政府公共服务体系、农业合作社、农业龙头企业、其他社会力量等。其中，政府公共服务体系包括一些专门经济部门，如提供基础设施建设、技术推广和资金投入的部门，以及提供信息、政策和法律等服务的部门，即农技推广、农产品生产与流通、农村金融、农业保险、信息服务等相关部门。农业服务体系提供包括农业产前、产中、产后的全面、系统、一体化的服务，如产前的生产资料（种子、化肥、农药、薄膜等）供应，产中的耕种技术、栽培技术、病虫害防治技术等技术服务，以及产后的销售、运输、加工等服务。

推进农业社会化服务体系建设不仅是加快农业农村现代化的重要一环，也能有效促进乡村振兴战略的实施。当前，建设好农业社会化服务体系的意义十分重大，也十分有必要。党的十九届五中全会提出，健全农业专业化社会化服务体系，发展多种形式适度规模经营，实现小农户和现代农业有机衔接。近年来，在各级各部门的引导推动下，农业社会化服务不断探索创新、蓬勃发展，对巩固完善农村基本经营制度、保障粮食安全和重要农产品有效供给、促进农业稳定发展发挥了重要作用。但与加快推进农业现代化的要求相比，农业社会化服务还面临产业规模不大、能力不强、领域不宽、质量不高、引导支持力度不够等问题，迫切需要加快发展，不断提升服务能力和水平，进一步引领小农户进入现代农业发展轨道。

第二节　基础性公共服务

一、农业农村基础设施服务

农业农村基础设施是指为农业农村生产和生活提供公共服务的物质工程设施,以及保证农业农村社会经济活动正常进行的公共服务系统,包括农田水利、道路交通、信息通讯、能源电力等生产性基础设施,以及饮水安全、文化娱乐、垃圾处理等生活性基础设施。

（一）生产性基础设施方面

加大农业基础设施建设投入,改良中低产田土壤,建设高标准农田设施,改进水利基础设施建设,保障农田灌溉。高素质农民原材料的采购、农产品的销售等所需的农村交通,包括村庄的道路以及车站、码头、桥梁等设施应该较为畅通。因此,要对水利、道路等基础设施进行维护和修建,为创建优质、高效农业提供前提和条件。高素质农民在生产经营中需要快捷、方便地获取各类信息,因此对通信网络也应有基本要求,包括覆盖互联网、电视、广播等信息业务以及邮政、电信等通信业务的基础设施;高素质农民的生产生活必不可少的电力、燃气等能源供应设备和设施的建设也应增强。此外,还要鼓励高素质农民承担农业发展与建设项目,并对其收入实行税费减免政策。

在数字经济时代下,数字乡村建设是全面推进乡村振兴战略的重要突破口,必须要加大数字乡村建设投入,完善商品服务网络体系。一方面,加快推进数字乡村建设,改善乡村信息基础设施。保障农业农村优先发展,需加大基础设施投入，尤其是信息基础设施，这是其中的重要内容。迫切需要补齐乡村信息基础设施短板，建立和完善乡村信息化服务体系，加快缩小城乡数字鸿沟。另一方面，努力构建高效的现代商品服务网络体系。搭建农村物流信息平台，以互联网和信息技术为核心完善县、乡、村三级物流体系，促进供应链全流程体系信息化和可视化，降低配送损耗及成本，降低流通环节产生的交易成本，避免要素配置和产品流通的效率损失。

（二）生活性基础设施方面

为了促进农业农村的可持续发展，给高素质农民一个良好的安居环境，应建好包括污水处理、垃圾处理等农村生产环境治理工程，并提供能够丰富农村居民精神文化生活的相关场所和设施。

加强农业基础设施建设能够有效降低农业生产经营成本，提高农民收入，也有利于增强抵御自然风险的能力，降低自然灾害的成灾率。由于农业基础设施建设工作具有很强的公益性、战略性，因此，加快农业基础设施建设，不仅事关高素质农民培育工作，也事关农业、农村的可持续发展；不仅关系到国家粮食安全，也关系到国家经济安全。国家应高度重视农业基础设施建设，农户们也要维护和充分利用好已有的农业基础设施。

二、农技推广服务

高素质农民培育需要建立完善的农业推广体系，包括多元化的科技服务组织，从而为高素质农民提供需要的技术指导、咨询等服务。

（一）加快构建基层公益性农技推广网络

按照"有先进服务手段、有优良专业人员、有规模示范基地、有严格责任制度、有稳定财政保障"和"有配套村级规范化农技推广服务示范站点"的"5＋1"基层农技推广综合服务中心建设要求，投入专项资金，建设乡镇农业技术推广综合服务中心,设立农民培训公益性岗位,提供农民培训、农技推广、品种技术展示等平台,充分发挥乡镇农技中心的农技推广主渠道作用。开展"一村一名农技员"行动计划,确保每个行政村至少有1名农技人员。

(二)构建农科教企、农业社会化服务组织联合协作推广机制

在充分发挥公益性农技推广主渠道作用的同时,探索农技推广服务的多种实现形式。一是采用招投标、政府订购、委托服务等方式,引导社会各方力量参与农技推广,重点培育和支持农民合作组织、专业社会化服务组织等参与农业服务;二是充分发挥高等院校、科研院所、农业龙头企业、现代农业园区等涉农科技资源优势,加强生产一线农技推广服务;三是引导、鼓励高等院校、科研院所与地方农技推广部门、龙头企业、农民合作社、农业园区等共建区域性、专业性专家工作站等农业研发推广机构;四是实施农业信息服务全覆盖工程,办好"12316"农业服务热线和农业技术网站,提供农业信息和技术服务。

三、加强基层供销体系建设

建设一批区域性为农服务中心,积极开展农资供应、农技服务、植保管理、仓储冷链、销售信息等服务,延长农业服务链条,提升农业社会化服务覆盖面,并将基层供销体系建设融入农业服务体系,为农业服务体系建设注入新元素,利用供销体系点多面广的优势,联合村集体经济股份合作社、家庭农场、农村专业合作社等新型经营主体,发挥自身优势,形成为农服务的合力。

四、创建农业社会化服务平台

充分运用信息技术,大力推动农业综合信息服务体系建设,打造农业社

会化服务信息化平台，重点建设以卫星遥感实时监测、农民报告与农业信息员调查相结合的农业统计体系，在土地流转信息发布、交易平台建设、农情监测、防灾减灾等领域提供信息支持。此外，组织各类服务组织和生产经营者进入平台，发挥平台聚合作用，吸引农业金融、农业保险、联合电商、品牌建设等增值服务入驻平台。例如，与京东等数字乡村运营商合作，建设"供销农服"共享平台，协调服务组织为农户提供农事呼叫、农业订单、农村金融、农业保险等共享服务，扩宽服务功能，延伸服务链。积极探索线上对接和线下服务有机结合的模式和路径，满足农户等生产主体多层次、全方位的服务需求，为服务供需双方提供线上线下一站式、便捷化服务，对接好农业社会化服务平台，发展智慧农业，为农业发展装上"最强大脑"。

第三节　金融服务

一、农村金融机构为高素质农民提供高质量的融资服务

为了适应我国传统农民向高素质农民转变的趋势，中国的农村金融机构应结合现代农业发展规模和高素质农民的准入门槛，参照政府对高素质农民培育的扶植政策，充分发挥商业银行、政策性银行的作用，优化金融资金配套和多样性金融产品，形成差异性农业信贷支持体系，尤其要畅通筹资、融资渠道，降低贷款门槛，实行贴息贷款和免抵押贷款等金融服务，进一步扩大农村基础金融服务的覆盖面和满足度，尽可能地为高素质农民提供

金融保障支持[①],促进新型农业经营主体的发展。

政策性金融机构应积极探索服务三农的管理机制和经营机制,及时调整和完善支农政策,充分发挥农业政策性银行在农村金融中的作用。农业政策性银行在农村金融中的作用举足轻重。作为政府的银行、支农的银行、补短板的银行,农发行应致力于提高"三农"、贫困地区、小微企业等重点领域和薄弱环节的金融可得性和满意度,积极顺应国家惠农政策,充分研究农村地区金融状况,引导其他商业银行和金融机构做好解决"三农"问题的工作,积极拓展间接贷款业务,满足农村经济发展对资金的需求。由于政策性金融机构主要提供长期大额度的贷款,可以利用自身政策和规模优势,通过与相关金融组织合作,将高素质农民纳入自身的发展战略中。政策性金融机构,如农业发展银行,还可以将部分业务分布到农信社或者新型金融机构中,这样不仅可以扩大服务的范围,增加为高素质农民提供服务机会,也可以改变政策性金融中长期资金贷款模式,将贷款资金分布于各金融机构中,有利于根据农户的需要来提供贷款,缩短资金的使用周期,提高资金的使用效率。

商业性金融机构可以在总部设立高素质农民融资部,或者新型农业经营主体融资部,对农户、高素质农民、新型农业经营主体的融资业务进行规划,建立独立的审核程序和信贷规划。在其下属分行,设立相应的信贷管理部门等,专门为高素质农民、新型农业经营主体提供金融服务。这样,商业性金融机构可以积极地开拓农村金融市场,遏制向农村萎缩的趋势,逐步改变其远离农村金融市场的居民的状况,恢复其在乡镇的机构网点,支持高素质农民的发展,发挥其为"三农"服务的功能。

目前,合作金融机构、新型农村金融机构在解决高素质农民、新型农业

---

① 何晓琼,钟祝.乡村振兴战略下新型职业农民培育政策支持研究[J].中国职业技术教育,2018(3):78-83.

经营主体融资困境方面发挥着重大的作用,因此要大力发展农村合作金融机构、新型农村金融机构。首先,要完善合作金融机构尤其是农信社的产权制度,完善其法人治理结构。其次,要充分利用农村合作金融机构、新型农村金融机构遍布各个乡镇的网点优势,利用它们的地缘、人脉优势,最大限度地发挥网点基本服务功能,将市场定位于"三农",把农村闲散资金聚集起来,满足高素质农民的金融需求。最后,针对高素质农民的融资需求,在增加农村金融服务内容、提高农村金融服务水平的同时,加大金融产品创新。

民间金融机构对正规金融机构能够起到较好的补充效果,能够灵活有效地满足普通农户、高素质农民的融资需求。因此,可以试着将部分民间金融合法化,允许运作良好的民间金融机构进行注册登记,确保民间借贷的安全性与规范性。

此外,由于专业大户、农民专业合作社及家庭农场、农业企业等新型农业经营主体投资大、风险大,而回报利润需要长时间的经营才能显现。为了促进新型农业经营主体的发展壮大,就要加大农村金融信贷改革力度。中国农业银行、中国农业发展银行、农村信用社、中国邮政储蓄银行、小额信贷公司、村镇银行等涉农金融机构,要简化农业生产资金贷款手续,提供贷款优惠。与此同时,加大对农业规模经营主体的信贷支持,将其作为信贷支农的重点,每年安排一定额度的农业信贷资金,解决规模经营主体季节性、临时性生产经营资金不足的问题,积极支持和帮助种养大户、合作组织、涉农企业及农业科技人员等发展生产。针对农村地区产业缺乏抵押物且农民担保能力较弱的特点,结合农村经济发展现状,积极开展农村地区抵押担保的新方法。政府可以通过设立相应的担保公司为农民创业提供担保,并协助银行调查、审核,降低银行信贷的风险。农村金融机构职能定位上要体现为"三农"服务的宗旨,网点布局要充分覆盖,方便农民办理相关业务。还要鼓励经营主体扩大其业务范围,开展新型服务,如土地流转、资金互助、信用合作、农业保险等,对融资增信、贷款担保、财政贴息等方式进行研究,并加以运用,加速社会资本投入,将解决社会化服务筹资困难作为重点,实现多元化支持和全方面发展的新型格局,使得融资担保环境越来越完善。

二、发展农业保险,有效化解高素质农民的生产经营风险

发展农业保险,对农业生产经营者、农业产业化、农业科技进步等都有积极的作用,有利于实现农业风险的社会化,为高素质农民生产投资(农业生产经营中运用的新设备、新工艺、新技术)提供风险保障,促进农业新设备、新工艺、新技术的应用和推广,缓解农业产业化发展中面临的自然风险、市场风险以及违约风险,为农业产业化发展提供一个更安全的生产经营环境,让高素质农民在保险期内获得安全感,在遭受损失时能尽快获得补偿,保障其利益的最大化,保证农村经济的平稳增长,助推农业产业化的可持续发展。因此,有必要完善农业保险体系,增强农业抵御自然灾害的能力。

发展农业保险,一是应该积极发展农业保险机构。农业保险应因地制宜,满足农民、农业、农村所需,在丰富农业保险品种的同时,积极发展农业保险机构。但由于农业保险赔付率高、技术测定较为复杂,如果按农户愿意接受的价格来定保险价格,一般商业性保险公司承担不起;如果按市场化价格定保险价格,农民又会因为保费太高,而不愿参保。因此,我国应构建以政策性农业保险机构为主,商业性保险公司为辅的搭配机制,鼓励商业性保险公司参与农业保险发展,然后,由政府对积极参与农业保险的商业保险公司给予保费补贴、运营费用补贴以及减免所得税等一系列的优惠政策。此外,还要健全再保险体系,鼓励政策性保险机构和商业性保险公司为农业保险提供再保险支持,建立有效的巨灾风险分散机制。比如,可以由中央通过转移支付的方式为省、市、县三级政府提供保费支持,或以省、市、县三级财政配套的方式建立各级农业保险公司。各省政府应因地制宜,确定保险费率,对作物保险的管理费用和运营费进行补贴,为市、县农业保险提供再保

险,并为承保的高素质农民提供保费补贴。中央在省级再保险的基础上划分农业区域,设立农业巨灾保险、区域保险和非保险救助计划。还可以通过政策设计,将所有高素质农民纳入农业保险承保范围,增强高素质农民抵御自然风险能力。

二是可以组建互助式保险机制。互助式保险是通过农业产业化经营模式,主要指"农业龙头企业＋农户"的模式,由农业龙头企业和农户共同建立保险,分散农业龙头企业、农户的经营风险。互助式农业保险遵循的是低保费、低赔付和基本保障的原则,当投保人遇到自然灾害、市场风险、技术风险时可获得基本的经济补偿,而又不用承担太高的投保成本。当然,在建立互助式农业保险时,特别要注意处理好农业龙头企业、农户等之间的利益分配关系,带动各利益主体提高参与互助式农业保险的积极性。

三是要加大对农业金融保险的宣传力度,丰富保险种类。继续开展保险下乡宣传工作,宣传农业保险优点及作用。对于现有保险种类相对于农业生产经营者存在的不够多样化、不能满足生产的差异性等问题,政府应在除政策性保险外,进一步拓展保险业务,减少生产经营中发生风险的概率。

三、发展农业供应链金融,创新农村金融服务

近年来,在乡村振兴战略的引领与推动下,我国农村经营制度、土地制度的变革与创新步伐明显加快,新型农村经营主体的发展壮大引人注目,土地流转和土地信托等新型土地制度也在农村悄然孕育并迅速推广。伴随着我国农业产业化、组织化、企业化、市场化、信息化的深入推进,农业供给侧结构性改革、乡村振兴战略的实施,以及商业银行经营机制的变革和金融科技的广泛应用,农业供应链金融迎来了发展的黄金时代。

(一)我国农业供应链金融的基本模式

目前,我国农业供应链金融的发展模式呈现多样化特征。从参与供应

链金融的核心企业的角度来看,大致可以分为以下四类。

1. 以上游的农业生产资料供应企业为主体和核心的供应链金融

当前,我国已有一大批大型的农业生产资料供应企业发展壮大,这些企业涉及化肥、农药、种子、饲料以及其他重要农业生产资料的生产和供应。在长期的生产经营过程中,这些企业与大量种植户、养殖户、合作社和农业企业形成了稳定的交易关系,因此对这些下游客户的经营信息和财务信息有着比较准确的把握和判断。这些上游的农业生产资料供应企业出于稳定供应链客户的考虑,希望与下游的种植户、养殖户、合作社和农业企业形成牢固的命运共同体,因此他们愿意在商业银行的供应链融资服务中为这些下游客户充当担保人,同时也可能会利用自有资金,通过供应链融资为这些下游客户提供直接的融资服务。实际上,传统上游农业生产资料供应企业对下游客户(主要是种养殖户)的赊销行为,也是一种供应链金融服务。

2. 以下游的农业加工制造企业为主体和核心的供应链金融

农业加工制造业处在农业产业链比较顶端的位置,它的上游产业是农业原材料供给者(主要是种养殖户、农业合作社和家庭农场)。农业加工制造业通过长期建立的与种养殖户等客户的购买关系,积累了大量关于客户产品数量和质量的信息,他们可以基于双方的信任关系与客户形成比较稳定的订单关系,从而使上游的种养殖户可以获得稳定的预期收入。无论是农业加工制造企业获得的巨量的客户信息,还是它为种养殖户(以及合作社)提供的订单信息,对于商业银行的供应链金融而言,都具有极大的信用评估价值、风险甄别价值和担保价值。在商业银行的供应链金融服务中,处于核心地位的加工制造企业可以为商业银行提供有关种养殖户的财务和经营信息,因此它们也可以直接为种养殖户进行担保,或者通过开立订单,使种养殖户通过持此订单向商业银行作抵押(应收账款抵押)而获得银行的贷款。这一形式的供应链金融在粮食等行业已经获得比较普遍的应用,在此过程中粮食加工制造企业扮演了重要的角色。

3. 以农业物流仓储企业为主体和核心的供应链金融

物流仓储企业既联系着产业链上游的种养殖业（实践中以种植业居多），也与下游的销售端、加工制造端关系紧密。一个物流仓储企业的最大优势，乃是它掌握的关于种植者和加工制造者的存货信息，这些存货信息是银行判断这些种植者和加工制造者的信用状况和财务状况的重要依据。在以农业物流仓储企业为主体和核心的供应链金融中，商业银行可以通过农业物流仓储企业开立的关于客户存货的仓单（载明客户存货的质量和数量）来判断这些贷款需求者的信用状况，客户也可以持仓单作为抵押向银行申请贷款，一旦这个客户违约而难以偿还贷款，这个仓单所依据的存货可以被拍卖或进行其他处置。由于仓单具有标准化合约的性质，仓单本身可以被贴现、再贴现或在二级市场上进行转让，这本身也构成供应链金融的一部分。随着物联网的突飞猛进，存放在物流仓储机构的存货信息可以被商业银行以及其他上下游客户直接观察到，从而确保了存货信息的即时性、完备性和对称性，间接上大大降低了商业银行的供应链金融风险。

4. 以覆盖农业全产业链的互联网电子商务企业为主体和核心的供应链金融

伴随着中国电子商务的快速发展，农业中小企业以及个体种养殖户将农业产品通过互联网电子商务企业进行销售。交易过程中产生的销售信息、现金流信息、客户的质量反馈信息等都会即时地、毫无损耗地、完整地在电商企业后台上反映，且这些信息的获取对电商企业来说几乎没有任何成本，这是互联网电子商务企业进行基于互联网的供应链金融服务的最大优势。互联网电子商务企业可以利用这些信息直接对农业中小企业提供信贷服务，它们可以通过云计算技术对相关信息进行处理，对客户进行分层，并在此基础上对客户的结构和融资需求进行科学分析，从而开发出有针对性的金融产品。当然，从理论上来看，互联网电子商务企业也可以应中小企业和商业银行的要求出售这些信息（大数据），通过信息（大数据）的提供获得收益，从而支持商业银行的供应链金融服务。

（二）我国农业供应链金融的基本模式

从承担融资的主体来看，农业供应链金融的融资主体也是多种多样的，主要包括以下四种。

1. 以商业银行为融资主体的供应链金融

商业银行仍然是供应链金融最重要的融资主体，其优势在于商业银行实际上几乎可以为所有的农业经营主体和农业企业（包括互联网电子商务企业）提供融资服务，在这个过程中会自然与所有农业经营主体和农企形成牢固的交易关系。商业银行提供农业供应链金融服务的基础是商业银行对各地农业产业链的深刻理解以及对产业链上各企业经营状况的全面把握，同时也需要商业银行具备对基于互联网和物联网的大数据进行正确分析进而设计相应金融产品的能力。

2. 以互联网金融机构为融资主体和形式的供应链金融

近年来，互联网金融在中国得到了长足的发展，再加上我国法律法规的不断完善，其发展也逐渐规范化。互联网金融具有成本低、规模效应强等线上优势，互联网金融机构依托相关大数据对农业产业链上的各个企业提供供应链金融服务，创造出与商业银行完全不同的信贷模式，但是其与抵押机制（如仓单抵押）、担保机制（如利用上下游产业之间的关系进行担保）的基本原理并无二致。实践中，以互联网金融为融资主体的供应链金融也常与商业银行的线下优势相对接，从而与银行形成供应链金融中彼此合作的关系。

3. 以农业企业为融资主体的供应链金融

以农业企业为融资主体的供应链金融，包括农业生产资料供应商、农业养殖企业提供的供应链融资服务，以及农业物流仓储企业提供的供应链融资服务。与商业银行相比，农业企业与农业上下游产业的联结更为紧密，所获得的信息以及获取信息的渠道也更可靠，因此在供应链金融中具备一定的优势。但是以农业企业作为融资主体的供应链金融,在资金、金融经营经验以及融资的规模效应上与商业银行相比有一定的劣势。

4. 以电子商务企业为融资主体的供应链金融

以电子商务企业为融资主体的供应链金融,具备信息(大数据)优势和线上融资的成本优势,同时又具备对巨量农业产业的极强的整合能力、渗透能力和延展能力,可以说以电子商务企业为融资主体的供应链金融是一种全产业链、全功能的供应链金融,它既可以独立进行供应链金融的运作,也可以与其他种类的融资主体合作进行供应链金融服务。

(三)我国农业供应链金融的典型案例

以农业种养殖企业为核心和融资主体的农业供应链金融的典型代表是大北农集团。在数年前提出的"智慧大北农"战略引领下,大北农集团在生猪养殖和相关生猪养殖服务的基础上,建立了由服务养殖户的"猪管网"、服务经销商的"智农网"、对各类客户进行金融服务的"农信网"以及生猪交易服务平台和金融服务移动端"智农通"共同构成的一个庞大的互联网平台,构建起在生猪产业链上的大数据优势和线下服务优势(这是大北农相较互联网电子商务企业最大的优势所在),实现整个生猪产业链的整合和贯通(包括生猪养殖管理服务、养殖农资销售、养殖户融资服务、客户理财服务、网络结算和数据分析)。大北农集团的"农信金融"利用农信云、农信商城积累的巨量客户大数据,构建了渗透生猪产业上下游客户的风险可控、覆盖全面、财务可持续的农村普惠金融体系。同时,大北农集团利用供应链金融体系为客户量身定做的"农富宝"(理财产品)、"农信贷"(农业贷款产品)和"农付通"(第三方支付产品)等产品,为我国农业供应链金融的创新提供了可供参考和复制的成功模式。

以农业生产资料供应商为核心和融资主体的农业供应链金融的典型代表是新希望集团。新希望模式包含希望金融、普惠农牧担保、保理服务、网商银行以及与开发银行合作的养殖户小额贷款等。其中,希望金融整合农牧供应链上下游产业,为小微企业和种养殖户提供融资服务和财富管理;普惠农牧担保依托新希望集团的农牧业产业链,为农牧民获得商业银行贷款提供担保服务,从而与从事供应链金融的商业银行形成战略合作;保理业务则为农牧产业链上下游客户提供综合金融服务,为合作社、养殖户、经销商等提供融资保理服务,为融资困难的核心企业提供担保保理服务,为有优质应收账款记录的企业提供居间保理服务。新希望集团还建立了新网银行,它以互联网金融为载体,以"移动互联"作为特定战略,为中小微企业和"三农"客户提供融资;还与国家开发银行合作,开创出了农业产业链养殖户小额贷款模式,并充分发挥其农业产业链优势,全面参与项目评审、融资担保和贷后管理等业务流程。

以互联网电子商务企业为核心和融资主体的农业供应链金融的典型代表是阿里金融模式。阿里金融利用其在线上所获得的大数据,为农业全产业链的小微企业和种养殖户提供小额贷款,是国内互联网电商平台中进行小额贷款最早和最成功的案例之一。以农业仓储物流企业为核心的农业供应链金融模式在中国较多,这类模式往往以商业银行为融资主体,而物流仓储企业借助互联网和物联网技术,为融资提供担保、信息服务以及仓单银行服务。

综合上述分析,我国农业供应链金融发展可谓正当其时,其发展模式正逐渐趋于成熟,而商业银行、互联网电商平台、农业企业等为供应链金融而进行的制度创新则方兴未艾。不过,当前我国的农业产业化程度还不算太高,整个农业产业链的整合效应还有待进一步加强,农业供应链金融的综合风险防控能力还有待提升。

第四节　市场化服务

一、加快推进农业生产托管服务

为满足不同地区、不同产业农民和新型农业经营主体在农业作业环节上的需求，应当创新农业生产服务方式，发展单环节托管、多环节托管、关键环节综合托管和全程托管等多种托管模式。支持专业服务公司、供销社专业化服务组织、服务型农民专业合作社、农村集体经济组织等服务主体，重点面向从事粮、棉、油、糖等大宗农产品生产的农民以及新型农业经营主体开展托管服务，促进服务主体服务能力和条件提升。鼓励各地因地制宜选择本地优先支持的托管作业环节，按照相关作业环节市场价格的一定比例给予服务补助，通过价格手段推动财政资金效用传递到服务对象，不断提升农业生产托管对小农户服务的覆盖率。

二、健全土地流转服务

在土地流转交易中，由于土地流转的复杂性以及农户市场间的信息不对称性，可能产生较大的交易成本，不利于土地流转。因此，应积极采取有效措施完善土地流转服务体系，包括收集和发布土地流转信息、评估土地等级、提供相关法律咨询、监督合同履行等工作。例如建立土地流转信息库，定期对外发布可开发的土地资源信息；建立农村土地流转服务中心，负责土地流转日常工作，充分发挥它们在农村土地流转供给主体和需求主体之间的媒介和桥梁作用；制定土地交易的流程，明确土地流转交易程序，规范交易行为;建立土地租金评估制度;建立农用土地评估机构,以土地流转前的评估作为确定租金的依据。同时,对土地流转后的土地肥力、地力被破坏情况进行评估。

第五节　培训服务

现代农业适度规模经营越来越注重运用科技手段和先进方法,只有受过一定专业训练、专门从事农业生产的经营者才能进行。这表明当前对高素质农民的素质要求更高,不再是凭经验就能应付过去,需要给高素质农民提供高质量的培训服务,这是关乎高素质农民生产技能、经营能力和综合素质提高的根本性问题,是解决"谁来种地""如何种好地"的关键所在,是农业供给侧结构性改革的迫切需要,也是促进现代农业发展的重要环节。

一、广泛开展培训

依托高素质农民培育、学历提升、信息化建设等工程,加强对新型农业经营主体和服务主体经营者的培训,坚持面向产业、融入产业、服务产业,强化高素质农民培育体系,对新型农业经营主体带头人、返乡入乡创业者等实施分类培育,加强统筹指导各地、各部门培训计划,大力开展家庭农场经营者轮训,分期分批开展农民合作社骨干培训,加大农业社会化服务组织负责人培训力度。深入推进农村实用人才带头人素质提升计划,通过专家授课、现场教学、交流研讨等,加强对家庭农场经营者、农民合作社带头人、产业发展带头人、大学生村官等主体的指导,提升增收致富本领和示范带动能力。依托新型农业经营主体和服务主体建设实习实训基地,做好农村各类高素质人才示范培训与轮训。支持各类教育培训机构加强高水平"双师型"教师队伍建设,充实教学设施设备,改善办学条件,完善信息化教学手段,加强基地建设,支持各地重点建设产教融合实训基地、创业孵化基地和农民田间学校等。

此外,为了配合数字农村建设,还有必要加强农民尤其是高素质农民在互联网能力方面的教育培训,以推进数字普惠金融和土地流转等活动的线上交易,拓展数字技术在农业农村领域的应用场景。

二、大力发展农业职业教育

加快改革农科专业体系、课程体系和教材体系,推动农业职业教育更好地服务产业发展。科学布局中等职业教育、高等职业教育、应用型本科和高端技能型专业学位研究生等人才培养的规格、梯次和结构。积极探索高素质农民培育衔接学历提升教育。鼓励各地通过补贴学费等方式,支持涉农职业院校等教育培训机构和各类社会组织,依托涉农职业院校,采取农学结合、弹性学制、送教下乡等形式,开展农民中高等职业教育等学历教育,有效提升新型农业经营主体和服务主体经营者队伍综合素质和学历水平。以打通和拓宽各级各类技术技能人才的成长空间和发展通道为重点,构建体现终身教育理念、满足农民群众接受教育的需求、满足"三农"发展对技术技能人才需求的现代农业职业教育体系。

三、着力提升科学素质

加强农村科普工作,健全和完善县、乡科学技术推广普及网络。大力推动农村科普出版物发行,增加农民买得起、读得懂、用得上的通俗读物的品种和数量。积极探索利用各类新媒体传播渠道,通过动画、短视频等农民喜闻乐见的形式,广泛宣传农业生产应用技能和成功经验。加强农村科普活动场所和科普阵地建设,在农村建设一批较高水平的科普教育基地和科普实验基地。加强农技推广和公共服务人才队伍建设,支持农技人员在职研修,优化知识结构,增强专业技能,引导鼓励农科毕业生到基层开展农技推广服务。

第五章　国外农民培育的实践
及经验借鉴

相较于发达国家,我国的高素质农民培育工作起步比较晚。尽管我国各试点地区在高素质农民培育实践中取得了一定的成果和经验,但总体上来看,我国的高素质农民培育仍缺乏系统性和科学性,尚未形成完善的培育制度与培育体系。而发达国家在职业农民培育上起步较早,政府非常重视职业农民培育工作,每年投入大量的经费用于职业农民培育,在经过多年的探索之后,初步形成了包括组织部门、培育对象、培育载体、培育内容、培育模式等在内的较为完整的培育体系,并有专门的培育机构负责职业农民培育工作,主要的代表国家有美国、德国、荷兰、法国、英国、日本、韩国、澳大利亚、俄罗斯等。各国在经济、社会、文化、制度等方面存在差异,其农民培育体系在发展历程、培育模式、实施形式等方面也各有特点。本章将梳理各主要代表性国家农民培育的背景、具体做法、措施及产生的效果,为我国高素质农民培育提供有益的经验。

第一节　美国农民培育

美国作为农业强国,其完备的农民培育体系在促进农业发展方面发挥了至关重要的作用。美国在 20 世纪 60 年代已经实现了农业现代化,虽然从事农业生产的人数不多,所占比重不到国民数量的 1%,但是美国却是农产品出口大国,出口能力强,在世界农产品市场上处于支配地位,究其原因是美国农业生产率高、农民素质高,美国政府重视对农民的培训,对农民教育投入大。

美国农业职业教育的历史已有百年。早在 20 世纪 60 年代,美国国会就通过立法明确规定联邦政府每年向各州定向拨款,为农业相关院校的建立提供便利条件。经过多年的实践和探索,美国建立了农业教育、科研与推广"三位一体"的完备的农业科教体系。

随着美国工业、服务业的不断发展,服务业就业人数越来越多,所占比重越来越大。相反,从事农业的人口数量越来越少,所占比例越来越小,大量农业人口不断地从农村向城市移动,同时还存在农业从业人员老龄化等问题。尽管如此,美国政府仍然在全国设立了近 3000 个农业技术推广站,负责对农场主进行培训,提高农业规模化经营水平和生产效率,从而成为世界上最大的农产品出口国。美国生产的农产品除了满足本国的需要外,还销往世界各国,如将玉米、大豆等大量剩余的农产品出口到世界各国。

一、美国发展农业教育的措施

(一)强大的法律和财政保障,促进农业科研教育和推广体系的稳定健康发展

1. 政府立法支持

美国的农业发展史超过 140 年,农业发展水平堪称世界第一。美国在农业发展方面之所以能取得如此耀眼的成绩,最根本的是因为实施了依法治农政策。美国相继在 1862 年、1914 年、1917 年、1963 年和 1997 年通过颁布《莫雷尔法》《史密斯·利费农业推广法》《史密斯·休士法案》《职业教育法》《哈奇法》来促进农业教育。此外,还相继在 1962 年、1964 年颁布的《人

力开发和培训法》《经济机会法》中明确指出,要通过开办农业培训班来健全
农业发展体系,提高农业教育的发展水平。表 5-1 为 1865—1997 年美国主
要农业法案的介绍。

表 5-1　1865—1997 年美国主要农业法案介绍

法案名称	《莫雷尔法》	《史密斯-利弗法》	《史密斯-休士法》	《职业教育法》	《哈奇法》
时间	1865 年	1914 年	1917 年	1963 年	1997 年
主要内容	联邦政府赠予各州的土地也专门用于资助各州开设新型产业大学,通过开展高等农业教育来推动农业的发展	联邦政府负责资金资助,由农业部牵头赠地学院,以州立农工学院为建设基地开展农业推广站建设。新研发的农业技术由农业推广站负责	联邦政府制定资助中等职业教育的相关法律,促进其发展	现阶段的教学任务在于教学重点的转变,即从注重分类教学到注重教育对象教学的转变,为不同年龄段公民平等接受高等教育提供机会	联邦政府每年投入 1.5 万美元用于各州农业实验站建设和农业科研活动的开展
作用	很大程度上推动了美国农业现代化的进程。各州出售土地的资金用于开办农工学院等以发展农业为主的州立大学,为美国农业现代化进程提供了强大的人力资源储备力量	美国的农业发展体系逐渐完善,同时具有农业科研、教育、生产三大板块,极大地推动了美国农业的现代化进程,为美国成为世界第一农业大国做了充分准备	该法案首次从法律角度稳定中等职业教育的资金来源,进一步完善了美国的职业教育体系,为美国发展高等职业教育体系奠定了根基	该法案及其系列修正案打破了以往职业教育的局限,进一步扩大了职业教育对象范畴,促使美国发展职业教育的目标最终确立	农业实验站的开设大大加速了美国农业现代化进程,推动其进入高速发展阶段,农业研究水平不断上升,涌现出许多农业科技成果

资料来源:美国农业部。

2. 充足经费保障

美国农业的高速发展离不开政府对农业教育、科研、推广的高度重视，突出表现为美国政府通过农业法令的形式，为农业教育、科研、推广体系的建立与完善提供大笔资金。农业教育、科研和推广一直在美国农业发展中占据重要的地位，在美国投入大量资金用于农业现代科学技术开发，不断提高农业科技水平。2022 年美国农业部的预算为 22.15 亿美元，而农业研究服务预算增加了 6.7%，达到 17.6 亿美元，超过了农业部预算的一半，其中农业和食品研究计划的预算比 2021 年增长 2.2%，达到 4.55 亿美元。由此可见，美国对于农业研究的重视，尤其是农业和食品研究占农业科研的研究经费比例较高，这说明美国旨在通过科学发现和技术突破，确保国家粮食安全，改善农村环境，推动农业发展，提高农民受教育程度，创造农民就业机会，更好地促进农业经济的可持续发展。

（二）建立完善的新型职业农民培育体系

美国用了 70 多年的时间，一直持续不断地对农业科教体系进行调整和完善，以系列优惠政策推动并完善法律法规建设，建成教育、科研和推广"三位一体"的职业农民培育体系。

1. 建立完善的学历教育体系

美国农业教育体系由正规的农业教育机构和一般推广教育机构构成，形成了初、中、高等农业职业教育和学历教育。在公立大学、农学院、社区大学里，采取课堂理论知识与田间实践教学相结合的方式，对青壮年农民群体以及有意愿从事农业工作的人群开展学历教育。20 世纪以来，美国的相关法规明确了政府为建设农业学院供给土地，并提供相应的资金。从农业教育的发展情况来看，其与财政投入占比呈正比例关系。于是，在财政投入占比不断提高的情况下，农业教育机构的发展也越发良好，招生数量逐步扩大，学科设置和设施配备日益完善。各层次农业院校主要负责教学、科研以及新技术推广等工作。农业院校的老师每年都必须承担这三项任务,其占比分别是 50%、20%以及 25%(Bureau of Labor Statistics,2019)[①]。倘若教师工作量达不到以上标准,就难以获得职称上的晋升。教师通过实践和理论结合的教学模式,及时向学生传授农业的新知识和理论,保证学生能够接受前沿知识。

2. 推行科学有效的技能培训体系

美国政府积极发动社会各界团体和人士,成立民间职业农民培育组织来进一步推广新型职业农民的培育。美国鼓励各级农业院校在农村和城市成立自己的 4H(Head、Hand、Heart、Health,清醒的头脑、勤劳的双手、美好的心灵、健康的身体)组织(Worker,2019)[②]。在农村,依托当地农业管理部门和赠地学院,建立以种植玉米、番茄等农作物为主题的青年团体,以田间亲手实践方式传授农业实用技能和推广农业技术。在城市,采取农业技术+农业管理、农业经济和农业科技多学科融合的培训方式,培训职业农民。

4H 组织通过校外实践活动,帮助广大农村社区青年,培育浓厚的种养技术和从事农艺活动的兴趣,为美国推广农业普及新知识、新技术发挥重要的桥梁作用。4H 组织成为美国最为庞大、惠及人群最多的职业农民培育组织,影响力扩展到北美、欧洲、日本、韩国等 80 多个国家和地区(Mathews 等,2019)[③]。此类社会团体为美国大部分青少年提供了针对农业知识不同学习阶段的技能培训环境,为美国培育了大量职业农民的基础人才。

此外,美国农业部下设很多相关农业机构,如联邦农业研究院先后建立

---

① BUREAU OF LABOR STATISTICS.2019 major sector productivity and costs[EB/OL].[2022-10-2].https://www.bls.gov/data/#productivity.

② WORKER S M. Development of an artifact-based evaluation framework for assessing 4-H learner outcomes[J]. The journal of extension,2019,57(1):14.

③ MATHEWS D R,KUNICKI Z J,COLBY S E,et al. development and testing of program evaluation instruments for the iCook 4-H curriculum.[J]. Elsevier,2019(3):S21-S29.

了4个国家级研究中心和10个地区中心。这些机构扩大了职业农民继续教育平台,完善了职业农民培育体系。具体来看,首先,提高了农民教育管理机构及培训机构的多样化,切实保障了农民教育的有效开展。美国的管理体制逐渐向政府主导转移,以农业院校为主、社会培训机构为辅,建立农业教育和科研相融合的农民培训新体制。农民经过网络教育培训,不仅提高了专业技能,还充分掌握了综合性的科教文化知识。第二,构建操作性高的教育质量监管制度,保障教育质量。美国针对农民教育建立了相应的认证考试机制,且淘汰率为1%～2%。

3. 设立综合培训、科研和推广一体的农业实验站

美国农业实验站体系是在借鉴英国农业协会捐助与管理体制以及德国国家资助体制上发展起来的。美国第一个真正意义上的农业试验站是1875年在康涅狄格州建立的由州财政支持的永久性实验站,目的是进行农业科学研究和试验。1887年,美国建立了14个正规的农业实验站,其中部分是州政府的独立机构,部分附属于赠地学院。在后来颁布的一系列法令中,又规定农业实验站附属于赠地学院的校外工作体系。农业实验站将农场的运营以及管理方式看作农场经营活动的核心,传授给各个农场主,并为其提供生产技能方面的指导,如作物科学种植、家畜的养殖繁育、园林艺术、器械原理等。这些技能和知识在帮助农场主普遍提升农业综合素养的同时,还提高了各农场的生产能力和收益水平。该实验站按州来建制,拥有专职科研人员和大量兼职科研人员、辅助人员,承担了全国60%的公共农业研究任务,并接收和培育职业农民。据有关资料记载,早在1970年,该实验站绝大部分人员都接受过正规的农业教育,70%以上的研究人员获得了博士学位,专职和辅助科研人员11707名(Worker,2019)[①]。在具体研究工作中,实验

---

① WORKER S M. Development of an artifact-based evaluation framework for assessing 4-H learner outcomes[J]. The journal of extension,2019,57(1):14.

站各类学科的科学家经常组成跨学科的课题组,从不同角度对一个专题进行研究。科学家不仅开展课题研究,还指导职业农民,带领学生参与研究,进而提升未来职业农民的学科素养。美国之所以能够率先建立起高水平、系统性的职业农民培育体系,是因为美国政府对职业农民培育高度重视,注重提高职业农民职业素养,优化职业农民整体运营体系的结构,通过推行新的优惠政策保障职业农民利益,改善管理模式,实施持资格证上岗制度,并保证项目资金的来源。上述一系列促进与保障措施都为美国农业的持续发展和职业农民的再教育保驾护航。

4. 实施有效的服务指导

(1)开展多层次的管理技能指导。在美国,无论是政府、组织,还是个人,都会积极指导农民,将其想法融入到商业计划中,并帮助其科学分析土地、农作物、化肥等因素。在美国农业服务中心里,任何农民都可以通过访问美国农业部来获得一些最关键的服务,如土地和资本的财政援助、确定商业计划和保护规划。当地的美国农业部的员工可以分享他们的专业知识,给职业农民的商业计划提出相关的建议。甚至,在职业农民开始或扩展业务时,美国农业部的员工还能提供美国农业部与新农场主或牧场主合作的路线图[①]。在美国,类似的机构还有为农民或农场主免费提供技术援助或土地管理建议的自然资源保护局,常见的技术援助包括资源评估、实践设计和资源监控。保育规划师则会帮助农民确定财政援助是否适合等问题。

(2)实施风险防控指导。农业是一项包括日常经营风险、自然灾害带来的风险等在内的风险业务。因此,农业生产经营者需要定期管理各类风险。美国农业部为农业生产经营者和职业农民提供了风险管理工具,如作物保险,用于防止动植物病虫害蔓延,甚至提供灾后援助,并借助联邦农作物保

---

① 杨柳,杨帆,蒙生儒.美国新型职业农民培育经验与启示[J].农业经济问题,2019(6):137-144.

险公司,为美国农民和牧场主提供农作物保险,帮助他们降低农场和牧场的经营风险。其中,许多保险产品还可以用于有机农业、可持续农业等各种生产实践。此外,美国政府推出非保险作物灾害援助计划,向非保险作物的生产者提供财政援助,进而防止自然灾害造成产量下降或作物损失。而且,美国农业部金融服务管理局可以帮助作为农场主或牧场主的职业农民管理所要面临的市场风险,如价格损失、地理上处于不利地位所面临的市场差异,还可以提供灾后贷款,用于恢复或替换在灾难中受损的基本财产,为农作物和牲畜的生产损失、基本家庭生活和农场经营提供资金,或为某些债务提供再融资。在许多情况下,美国农业部农场服务机构和自然资源保护局可以为干旱、洪水、火灾、冰冻、龙卷风、虫害和其他灾害等自然灾害造成的损失提供援助。美国农业部向区域扩展风险管理教育中心提供资金,为不同地区和农业经营类型提供风险教育和工具。不仅如此,美国农业部风险管理机构每年还向生产者合作组织提供两次作物保险教育和风险管理培训机会①,为16个州中服务不足的生产者制订作物保险教育计划并提供资金。此外,还推出风险管理教育伙伴计划,向农场主和牧场主提供资金,特别是社会弱势、资源有限群体以及少数民族农民和牧场主。

二、美国职业农民培育的其他政策措施

(一)建立了系统方便的户口登记制度

美国几乎所有婴儿都在医院出生,接生医生和婴儿父母有义务对婴儿进行出生登记,登记材料核心内容为父母与子女的社会关系,将材料存入电脑网络。此外,美国也有系统的婚姻、就业、失业、迁移、死亡登记。美国的

---

① 杨柳,杨帆,蒙生儒.美国新型职业农民培育经验与启示[J].农业经济问题,2019(6):137-144.

人口登记主要是提供人口信息,不会约束人们的迁移和流动,同时也用法律制止对人们的身份歧视。美国公民可以说是没有户籍制度的,户口登记不和子女上学、工作、社会保障等联系在一起,每迁移至一个新地方,就自动享有当地的社会福利待遇(美国公民都有一张社会保障卡,卡上的号码是唯一的,无论是就业、缴纳保险、缴税,还是获得社会保障都是用这个号码。每到一个新地方,只要到社会保障机构办理住所变更手续就可以了),行使拥有的各项权利,不需要办理户籍手续,条件是只要在那个地方居住。因此,美国的这种户口登记管理有利于资本、劳动力等生产要素的流动,有利于乡村剩余劳动力到城市就业,也有利于吸引高素质劳动力到乡村就业,成为职业农民。

(二)改善乡村生活生产条件,增强对职业农民的吸引力

虽然美国经济发展水平较高,但也存在部分农村地区住房设施、道路交通设施、电力能源、卫生等条件差的问题,为吸引年轻一代在农村创业兴业,需要改善农村基础设施条件。近几年来,美国加强了乡村地区住房、道路、饮水等基础设施的建设。2012 年,美国新农业法草案中还加入了政府对电气化建设的资助,以及重点建设大量农村人口外流的地区等条款。

(三)支持农业信贷,满足职业农民的资金需求

美国主要的农业信贷机构包括农业信贷系统和农业部农家信贷管理局。农业信贷系统由其用户所有和控制,由联邦土地银行、地方联邦土地银行协会、联邦中间信贷银行等组成,超过 30% 的农民信贷,以及超过 60% 的农民合作社信贷由农业信贷系统提供。农业部农家信贷管理局专门为任何能够增强小城镇、农村地区经济力量或者改善当地环境的项目提供贷款。

美国农业贷款项目丰富,有农场所有权贷款、经营贷款等。所有权贷款帮助农民购买或扩充农场,建造房屋、改良土壤,合理利用或保护土地、水利资源。该项直接贷款金额不能超过 30 万美元,但农家信贷管理局还可以为

农民提供 30 万美元的担保贷款,偿还期最长可达 40 年。经营贷款主要用于购买农资、设备、饲料,以及满足农场和家庭活动的其他需要等,帮助农民调整与改进经营、耕作措施。该项贷款金额不能超过 10 万美元,但农家信贷管理局还可以为农民提供 20 万美元以内的担保贷款,偿还期最长不得超过 7 年。

（四）重视农业科技的发展与应用,为职业农民提供技术支持

美国良种的培育与引进,种植业的施肥、农业机械,畜牧业的育种、饲养、疾病防疫,冷藏保鲜技术,农产品加工技术,等等,较为发达。美国 20 世纪 40 年代就基本实现了农业机械化,包括农作物生产过程中的整地、播种、植保、联合作业机械。畜产品生产过程中的饲料粉碎机、挤奶机、牛奶保鲜加工成套设备的广泛应用等大大提高了农业劳动生产率,使农场主可以用较少的人力、土地获得较大的产出。

（五）实行土地私有制,保护职业农民的土地权益

美国为土地私有制的国家,私人所有的土地占 58%,公有土地占 42%（联邦政府的占 32%,州和地方政府的占 10%）。美国土地所有权包括地下权（地下资源开采权）、地面权和地上空间权（包括建筑物等）。美国的土地市场十分发达,制度健全。在政策规定的许可范围内,不同所有制形式的土地可以自由买卖、出租和抵押,价格由市场供求关系决定,只要买卖双方协商或请私人估价公司帮助双方达成协议,便可完成交易,手续十分简单,政府对私人土地的管理主要通过登记收费和规划引导来进行。

第二节　欧洲国家农民培育

欧洲各国政府十分重视对农民的教育培训。在农民的培育过程中形成

了富有特色的培训模式,他们把对农民的培训与农民证书制度相结合,以激发农民参与培训的兴趣,这样不仅满足了农民对培训的需求,还提高了农民的农业生产技术和农业产量,创造了较大的经济效益。同时,这种模式的建立极大地影响世界其他国家对农民的培训,使其他国家对农民的培训水平也上了一个新台阶。由于欧洲国家的农业生产经营单位主要是家庭农场,他们对农业技术的要求非常高,虽然农场规模不但小而且分散,培训组织起来相对困难,但欧洲各国农业技术进步,信息技术发达,因此特别适合网络培训。在此背景下,欧洲各国提出政府部门、高等院校、科研院所等协作培养、职业教育与成人教育相结合的方式对农民进行培育和技术培训。

一、德国农民培育

德国农业高度发达,农产品产量居欧盟首位。德国政府及社会各界十分重视农民培育工作,其完备的农业职业教育体系是保持农业生产高效率的重要因素。借鉴德国农业职业教育的经验,对于促进我国高素质农民培育,加速农业现代化有着一定的现实意义。

（一）建立了多层次的农业职业教育体系

德国构建了完整的农业教育体系。从整体上看,德国农业教育包括高等教育和职业教育两个组成部分。其中,高等教育系统由研究型大学和应用型大学组成,研究型大学主要培养农业科技和管理领域的高层次研究型人才,应用型大学主要培养具备一定专业理论知识和实践能力的复合型人才。

德国农业职业教育包括农业预备职业教育、农业中等职业教育、农业进修职业教育三个层次,各层次的教育目标、教育内容和承担学校都各有不同,从而提高农业从业者从事农业生产的能力与水平。其中:农业预备职业教育由中学承担,主要通过职业指导、社会实践等培养学生的社会实践能力;农业中等职业教育主要由双元制职业中学、职业建立学校、专业高中等学校承担,主要教授农作物种植、农业机械使用、作物疾病防治等方面的知识,培养学生的职业基本技能;农业进修职业教育由各类农业高等专科学校承担,主要讲授农业企业经营管理、农产品精深加工等方面知识,培养农业技术人才和高层次经营管理人才。德国实行学校培训与企业实践的双元制教学,高中毕业生可以直接参加为期3年的农业初级培训,获取农业职业资格证书之后才能成为农业工人。这些学员如果想继续参加农业教育,必须经过一两年的农业实践,才可以分别进入一年制或两年制职业专科学校学习。而且,他们是否具备管理能力十分重要,唯有成为国家认证的初级管理师、农业企业管理师等,他们才有资质管理或者自己开办农业企业。此外,对于那些因年龄、工作等因素无法接受系统性农业职业教育的中年农民,国家会为他们提供继续学习的机会,通过提高他们的素质,满足农业企业对农民更高的要求。

德国的农业职业教育为青年接受高质量的职业教育提供了平台,同时农业职业教育也有一定的纵深空间,使学生可以得到更高层次的教育。据统计,德国95%的农民都受到过规范性的职业教育。其中,受过高等教育、中等职业教育和职业进修教育的比例分别为10%、31%和59%。德国的高素质农民为德国的农业现代化提供了有力的人才支撑。

(二)德国农业职业教育的典型特征

1."双元制"的职教模式

德国职业教育主要以中学毕业生作为培育对象。"双元制"是德国职业教育最为典型的特征。"双元制"模式是德国农民培育中,将企业中的实践和在职业院校中的理论教学相结合的经典模式。所谓"双元制",即两个培育体系、两个培育地点(学校、企业)。农民在职业培育中,既要在学校接受农业理论知识的学习,还要在企业接受农业技能的培育。其实质是一种将学校学习与企业实践紧密结合的一种现代教育模式,基本特点表现为教育地点的双元——企业和职业学校,以及受教育者身份的双元——学生与学徒。该模式由学校和企业共同承担培育经费,完成培育任务。教育学制一般设定为 2～3.5 年。教学活动不只重视理论教学,还加强了学校与农业企业的联系,在两者间交替开展,增强对学生实践技能的培养,将政府与市场、学校与企业、学习与就业、理论与实践等方面有效结合起来。学生到企业实践和在校学习的时间的比例分配分别为 60%～70% 和 30%～40%,通常,学生一周有 3～4 天在企业,1～2 天在学校。这就使得学生在企业中获得相关实践知识的同时,也能够在校园里找到相关的理论依据。通过边实践边理解专业知识,使学生不仅能够更好地掌握专业知识,也能够熟练掌握专业生产、农机操作、农作物栽培、禽畜饲养与病防治等技能。在农业领域"双元制"教育中,农业企业发挥主导作用,大企业一般设有培训基地和专职培训人员,学生能够接触农畜产品,直接使用企业的各类设备,以生产性劳动的形式展开学习。学校为学生提供基础的专业理论知识教育,并负责协调好和企业的关系。农业协会则拥有监督权,可以代表政府对"双元制"教育体系下的企业进行资质审查,并对其日常教学活动进行监督。

"双元制"模式注重对学员实际操作能力和农业理论知识应用能力的培养。农业企业具有农业生产加工销售一体的生产流水线,既提高了培育效率,又解决了学生就业的后顾之忧,极大地提高了德国农民的素质以及农业的竞争力。同时,德国积极鼓励各级非政府部门参与,引导私人企业及社会组织对农民展开教育培训,大大增加了农业技能受训人员的数量。此外,政府与非政府部门合作是德国农民教育的另一特点。一方面,联邦政府和地方教育局统筹领导和协调农民教育培训工作;另一方面,政府也积极鼓励德国农业青年协会、私人企业组织等民间社会组织参与培育工作。政府还批准了多个私人农业培训企业对农民展开教育培训,这使德国受农业技能培训的人员大大增多。

为了适应农业内部各分支产业交叉性越来越强的趋势,德国在"双元制"教育体系的基础上,开创出企业联合职业培训的人才培养模式。通过联合培养,整合各类型农业企业的资源,达到培育高素质复合型人才的目的,顺应德国农业集成化、信息化的发展趋势。

2. 分类别的职业定级认证体系

德国农业职业教育以培养实用性人才为基本目标。依据农业人才需求情况,德国农业职业教育主要可分为耕种员、牲畜养殖员、渔业工作者、园艺师、狩猎员、林业工作者、酿酒师、马匹饲养员、葡萄种植员、农技服务人员、奶制品加工专业人员、农业科技试验员、奶业技术人员、家政人员等 14 个类别。不同的职业类别又包含不同的职业方向,例如,马匹饲养员包括马匹饲养、马术培训、赛马管理三个方向,牲畜养殖员包括养羊、养猪、养牛、养蜜蜂、养禽类五个职业方向。各大职业类别共同构成了农业领域的职业教育组群。

为了实现农业职业教育的规范化管理,德国实施了层次式的农业执业资格定级认证制度。依据执业技术水平的差异性,德国农业领域执业资格共包含 5 个等级。最低层次的是学徒工证书;经历了学徒期间的系统学习,并通过农业职业教育结业考试,可以获得专业工作证;有实践工作经历后,再接受为期一年的高等专科学校职业教育,且考核合格,可取得农业师傅证书,农业师傅被授权准予招收学徒和经营农场;如再接受两年的农业高等专科学校职业教育,考核合格便可获得农业技术员证;通过附加考试者可进入高等农业院校学习,毕业可获得工程师证书(由欧盟颁发),正式成为一名农业工程师。

3. 注重农业教育形式的多样化

德国农业教育形式灵活多样,不仅包括校园培训、实地培训,也包括网络培训。从培训时间看,有短期和长期之分;从培训方式看,有脱产、半脱产和不脱产三类;从培训对象看,有农村青年培训班、农村妇女培训班、农场主培训班及农业学徒工培训班;从培训的具体目的看,有基础农业知识培训、专业生产知识和技术培训、晋升技术职称培训等。在课程设置上,具有较强的针对性,按照企业和学校的特点组织教育经验丰富的业内专家综合编排,同时考虑农业发展需要和农业企业生产需要,坚持以职业需求为核心,每门专业课都做细分并按照学期的形式对学员进行培育,学员培育时间较长。

(三)德国农业职业教育的制度保障

1. 法律保障

德国政府重视完善职业教育法律保障体系,通过制定法律来有效保证农业从业者的教育质量。德国农业职业教育的相关法律法规涉及联邦政府、政府部门和行业协会三个层面。联邦政府层面的法律有 1969 年颁布的《联邦职业教育法》,该法确立了德国"双元制"的职教模式;1981 年颁布的《联邦职业教育促进法》,进一步完善了德国职教法律体系;2004 年颁布的《联邦职业教育保障法》,将职业教育的保障措施纳入法治化轨道。上述三大法律构成了德国职业教育的法制基础。

政府部门层面的法规主要是职业教育相关部门在上位法的框架下制定的管理条例。该类法律主要对农业职业教育的专业设置、师资配备、资格认证等方面予以规范。例如,教育部和农业部联合颁发了《职业教育条例》,教育部和经济部联合颁发了《培训教师资格条例》。

农业行业协会层面的法规主要是指农业行业协会在政府授权下颁布的相关条例。例如,德国部分地区农业行业协会制定的《毕业考试条例》,会对农业类专业毕业考试程序、合格标准等方面作出规范。

2. 经费保障

德国政府通过完善资金投入政策,保障职业教育的发展。德国政府尤为关注"双元制"教育的经费保障,每年用于"双元制"职业教育的支出高达72.9 亿欧元,占全国教育支出的 7.9%,有力保障了"双元制"教育的发展。

德国农民的教育经费一方面来自国家财政预算安排的专项拨款,另一方面需要通过企业或者个人纳税的形式缴纳。如在"双元制"教育模式下,经费由企业与学校共同承担,其中企业承担 3/4,包括培训设施、培训教材费、培训人员工资与社会保险费等。农业职业教育活动开展过程中所产生的管理费、日常开支、校园建设维护费、人员工资等费用分别由州政府、地方政府承担或由两者共同承担。为了调动企业参与职业教育的积极性,德国政府给予培训企业一定的优惠政策。如德国税法规定,企业职业培训过程中所支付的工资、保险、津贴等费用可计入企业生产成本,也可以通过折算计入产品价格,待产品出售后给予一定的税收减免。

3. 师资保障

为了保障职业教育的质量,德国联邦和州文教部对职业教育教师的设置了严格的标准,将农业职业教育教师分为两种,分别是学校教师和企业教师,不同的教师类别有着不同的任职条件。

在德国,要成为农业中职学校教师,首先,需要拥有硕士以上学位,并具备 1 年以上农业行业的工作经验;其次,需要参加教师培训,并通过教师资格考试,获得后备教师资格;此后,在职业学校开展为期 2 年的见习,见习期结束后再次参加教师资格考试,通过者方可向州文教部申请教师岗位;州文教部审核通过并给予安排后,才能正式成为农业职业学习教师。当然,各州会根据具体情况做一定的调整。

在农业企业承担实践教学的教师,其任职也有一定的标准。实训教师需从主体中学毕业,并完成 3～3.5 年的"双元制"职业教育,拥有丰富的企业工作经验,参加培训师进修,并通过师傅资格考试,取得农业师傅证。此外,为了缓解实训老师不足的情况,其他经验丰富的农业技术人员,通过合格考试,也可以成为农业实训教师。

由此可见,在德国从事农业职业教育的老师不仅是具有"双师型"素质的教师,也是有"双师型"素质的师傅,这种"教师＋师傅"的"双师型"的教师结构,更能科学、有效地培养高素质、高技能的农业人才①。

4. 从业资格保障

在德国,农业职业资格准入制度相当严格。成为一名普通农民的基本要求是从普通学校毕业后,与有农业师傅人员管理的农场(或养殖场)签订从事农业生产的劳动合同,并按法律要求在农业协会登记备案,在农业师傅的指导下开展实践劳动锻炼,在劳动的同时或者之后,参加各州办的农业职业技术学校的理论学习。在达到生产实践和理论学习的要求后,还要参加全德的农业职业资格考试,考试合格取得初级农业职业资格证书的人员方能成为农业工人,但仍没有资格建立自己的农场。要独立开办或继承农业企业,除了要具备实践经历外,还必须到更高级的农业职业学校深造,合格后才能取得相应的资格,也才能享有政府为农民提供的各种补贴政策。总之,在德国从事农业生产的农民要想获得更高的职位,就要接受更多的培训,取得资格证书;要想获得政府更多的资助资金,就需要获得政府的许可。这一措施为德国农民提供了主动接受培训、不断学习新技术、完善自我的动力。由此可见,德国的农民是经过理论和实践双重培训后,取得相应资格的,专门从事农业生产活动的人才。

(四)德国农业职业教育的其他政策措施

第一,德国通过农民养老保险法,保障了职业农民养老的基本权益。德国是世界上最早确立农民养老保险制度的国家之一,法定农业养老保险覆盖了90%的农业从业人员,及时保障了农民的社会权利,使不同类型的职业农民都能够分享到德国经济增长所带来的发展成果,过上体面的生活。

早在1957年,德国就颁布了《农民老年救济法》,为老年农民和丧失劳动能力的农民提供基本生活保障。农民在老有保障后,可以放心择业,把自

---

① 柳一桥.德国农业职业教育对我国新型职业农民培育的启示[J].农业经济,2018(4):64-66.

己的土地出租或转交给他人耕种，或自己扩大经营规模，从而优化了德国的农业结构以及农户生产经营规模结构。20世纪70年代以来，完全依靠农业规模化经营的大农场得到可持续发展。1995年，德国政府制定了《农民养老保险法》取代《农民老年救济法》，扩大了养老保险覆盖范围，妇女也有了自己独立的养老保障。农业企业主领取养老金的条件是将自己经营的农业企业转交给他的子女经营，子女不愿经营的，由当地政府租赁或者出卖给愿意经营的人，而农业企业主则脱离农业劳动成为农业退休者。在《农民养老保险法》的指引下，他们及时把农业企业转交或出卖、租赁给有生命力的农户或年轻一代，优化了农户的结构，及时培育了新一代职业农民，在一定程度上稳定了农业生产的主力军。目前，德国农民养老保险制度已经非常健全，确保了农民的养老权益。德国这种将职业农民培育与养老保险紧密结合的做法，值得我国借鉴。

第二，政府加大了对农民的财税支持，提高了职业农民致力于农业生产经营活动的积极性。在财政补贴方面，德国制定了一系列以农业补贴为核心内容的农业政策。2020年，德国政府在食品和农业领域的补贴高达20.63亿欧元。德国农业扶持政策在欧盟共同农业政策框架下运行，是德国农业现代化高质量发展的主要推动力。德国联邦农业补贴的目标，主要是改善农业结构，保护海岸，发展面向未来的农业和林业，保持德国农业在欧盟共同市场中的竞争力，促进农村地区可持续发展，等等。2018—2020年，德国财政资助的最大的农业项目是"改善农业结构和海岸保护"联合项目。此外，其他重要补贴还包括绿色农业补贴，如"有机农业和其他形式的可持续土地管理方式"计划，旨在增进环境友好型土地管理，为全产业链提供从产业研发、知识培训、发展咨询到宣传展会的资助；农业能效补贴，如自2016年起实施的"国家能效行动计划"，对农业和园艺业有效改善措施进行补贴；森林气候基金，积极支持林业资源保护、项目研发等计划；农业税收优惠，如在农林业中使用的纯生物燃料可免征能源税，涉及商业航运的渔业企业免征能源税,等等。早在 2003 年,德国各级政府就提供了 77 亿欧元补贴,加上欧盟给予的 67 亿欧元补贴,德国农民当年人均可拿到 2.4 万欧元的补贴。据德国农业部的数据,2007—2013 年来自欧盟、德联邦、州三级政府的农业财政补贴总计为 180 亿欧元,另外,农民还可以申请到欧盟农业基金,以及德联邦、州政府的项目经费。这样算下来,农民人均年收入的 80% 以上都来自这些财政补贴和奖励。在税收方面,德国政府对农产品征收 7% 的增值税,但实际征税过程中,有多项优惠政策,减轻农民的税负。例如:允许农民收到农产品销售款后才向税务部门报告,并可以在当年收入中扣除购买种子、农药、化肥等各项农业生产所需的开支;对农场主实行税收减免和延期纳税等不同程度的优惠;允许农民将出售土地等固定资产的所得作为长期资本收益,享受高额税费减免。此外,德国的农业企业自成立之日起 10 年内,每年可享受 1.46 万欧元的法人税免税额度。

第三,完善农业产业链,提高农产品附加值,提高职业农民收入和就业范围。农业产业化是提高农业竞争力、增加职业农民收入的必然要求。农业产业链的不断完善与升级,可以有效避免农业人口的外流。德国就是通过农产品产业链的不断升级与调整,创造了更多的就业机会,如加强对饲料业、农技制造业的产能改造,扶持餐饮业、食品加工业、副食品商业的发展。目前,德国农产品加工转化率在 90% 以上,且农产品精深加工产品较多,农产品的分级、包装、储藏和保鲜等水平较高,提高了农业的增产增值能力,增加了职业农民的收入,农业上下游产业从业人员是单纯农业人口的近 4 倍,占德国就业总人口的 10%。

第四,重视农业用地的生态多样性保护,加强对农业用地的集约化使用与管理。德国在农业用地方面,因地制宜,兼顾环保,根据德国南部的气候、地形、地貌等,在该地区发展畜牧业和种植业。为了满足畜牧业发展需要,德国较大比例的农业用地是草场与绿地。同时,德国采取了大量措施,保护农业用地的生态多样性,包括禁止使用化学农药和肥料,采取相对环保的病虫害防治措施以及施用农家肥、绿肥等;采用合理的多样轮作与间作制度,每年 7% 的耕地休耕,以改善土壤品质,提高土壤肥力。此外,为了保护农业用地的可持续性和不变性,减少土地流失,加强了对农业用地的集约化使用与管理。1953 年,通过《土地管理法》,支持土地调整与集中。为把零散土地联结成片,西德采取了许多措施,包括鼓励小农场放弃土地,将土地出租或出售,并给予他们相应的补偿。近年来,德国联邦政府开展了对包括农场、渔场、林场和各类农产品加工企业等农业企业的兼并整合。

第五,推进土地的规模化经营,为职业农民培育提供基本生产要素条件。1949—1997 年,原西德地区的农业企业减少了 72%,土地集中到了少数规模化经营的农户手中。2004 年,德国平均每个农户拥有 30 公顷土地。土地的规模化和集中经营,便于统一管理,方便大型机械耕作,降低生产成本,形成品质一致的农产品。因此在规模化经营方面,我国可以借鉴德国经验,在为农民提供基本社会保障的基础上,调整农业内部结构,探索土地流转机制,引导土地的相对集中,实现土地的规模化生产。

第六,注重保护环境,发展生态优质高附加值农业。为了保护环境,德国政府一直注重保护生态农业,并按 450 马克/公顷的标准给予财政补贴。在政府的指导下,德国农户减少了农用农药、化肥等的用量。此外,优势特色生态农产品的市场空间大、回报率高,对职业农民具有较强的吸引力,德国政府也鼓励他们发展绿色、有机农业,发挥农业的多功能性,降低农业生产经营风险,实现较快增收。

二、荷兰农民培育

学习荷兰培育职业农民的模式有助于为我国的高素质农民培育提供先进经验,加快我国乡村振兴发展战略的步伐。

（一）完善的农业法律制度体系

荷兰发达的农业离不开一系列完善的农业法律制度体系,其为荷兰农业的快速发展提供了坚实的基础,不仅保护了农民用地方面的权益,也满足了农民教育培训方面的需求。19世纪末期,荷兰陆续颁布了《合作社法》《农业财产法》等多部关乎农民直接权益的法律[1]。以《合作社法》为例,根据法律规定,荷兰政府保证其农民通过合作社可以参与各项政策优惠,也通过合作社向广大农民宣传了法律方面农业的相关政策。该法以法律条文的形式保证农民可以通过农业合作社参加相关教育培训和职业教育,保障了荷兰职业农民的整体职业水平。在法律层面的保障下,荷兰合作社逐渐成为荷兰成熟的农民协会组织,为荷兰培育新型职业农民起到了强有力的推进作用。

（二）推行"OVO"模式

"OVO"模式是由荷兰政府早期组织推行的先进模式,它致力于建立全方面的农业知识创新体系,主要由农业科研、教育和推广系统三部分组成,三者协同发展,共同发力。该体系的核心目标在于通过以政府在农业方面的相关政策为背景,集中力量研发和推广各种新型农业技术。农业知识创新体系对所有农民开放,并对所有农民免费提供教育培训,这是荷兰农民职业教育强劲的智力支持。政府通过定期对职业农民进行教育培训,将由"OVO"模式中的各类农业技术运用于实践,推进所研发的技术落到实处。

（三）强有力的财政经费支撑

荷兰农业较为突出的特点在于通过高投入来获取高产出。据统计,荷兰全国的教育和研究经费占到国家总预算的19.1%[2]。通过在农民职业教

[1] 肖卫东,杜志雄.荷兰家庭农场为何能创造世界农业奇迹[J].中国合作经济,2017(8):16-19.
[2] 神农岛."小国大业",荷兰现代农业靠的是什么?[J].营销界(农资与市场),2016(15):74-77.

育、农业科研等领域的巨额投入,荷兰克服了其在农业方面的资源少、环境恶劣等短板,跻身世界农业发展前列,成为农业出口大国。以荷兰对科研方面的投入为例,荷兰有 80% 的农民都在使用 GPS 系统[①]。相关卫星技术为农业发展提供了大数据信息,为农民实际生产过程提供了极大便利。与此同时,荷兰在农民职业教育方面的巨额财政支出也足以满足"OVO"模式高效运行的各项开销,保证农业技术开发与实践推广稳步进行。

三、法国农民培训

法国和其他国家一样,也十分重视农民职业教育和农业技术培训,每年政府都会投入大量的资金用于农民培训,在全国各地建立大批农民职业教育培训学校及农业科研机构。法国农民培训的形式多种多样,根据不同人群的特点及需求,开展了讲座、现场教学、交流考察等多种形式的培训,并注重理论和实践相结合,农忙季节在田间地头培训,以实践教学为主,农闲时以理论教学为主。培训时间也比较灵活,从两三天到几个月不等。教学时间会根据季节进行调整,农忙的时候培训时间短,农闲的时候培训时间长。培训对象可以是学徒工、农村青年、农村妇女。培训的内容十分具有针对性,培训部门通过调查研究,明晰相关专业和技能需求,再开设新课程,淘汰不合适的课程。

法国政府非常重视对农民培训效果的考核,建立了非常严格的考核制度,培养了大量优秀的农业技师。学员培训结束,政府会给考核合格的学员颁发相应的职业证书,主要有农业技术员证弓、高级技术员证书、农业职业教育证书等。获得农业技师资格的职业农民,才有资格独立经营农场,从而

---

① 　王奕.荷兰高科技农业的典范[J].营销界(农资与市场),2017(17):28-30.

保证了有更多的具有技术的人员经营国家的土地,提高了土地的效益①。此外,政府还会为获得职业资格证书的农民颁发各种奖励,提供各种优惠政策,从而调动广大农民参加职业教育和农业技术培训的积极性和主动性,达到增强培训效果的目的,对农业生产产生促进作用。

四、英国农民培训

英国政府特别重视职业农民教育和技术培训工作,政府财政每年都会投入大量资金支持农民教育和技术培训工作。英国政府还通过立法,以法律的形式保障农民培训的顺利进行。尤其是《农业培训法》的颁布和实施,使英国农民的培训有了保证。同时,英国政府还设立了国家培训奖,奖励对职业农民教育和农业技术培训工作有突出贡献的单位和个人。此外,政府还建立了非常严格的考核制度,推出了各种奖励激励措施,调动了农民参加培训的积极性,提高了培训的效率,从而保证了农民职业教育和农业技术培训质量。参训学员在培训结束后都要参加考核,只有考核合格以后,才能获得相应的证书,如毕业证、学位证或者是职业资格证书等。当前,英国有近300个农业技术培训机构,每年有1/3的农民参加培训。网络培训是英国农民培训的主要渠道。高校和科研机构相互配合、相互合作、相互支持,正规教育与业余培训相互补充,建立了分工明确、层次分明的农民培训体系,能够满足不同层次农民培训的需求,调动各方面的力量,提高培训的效果②。

---

① 李环环,牛晓静.法国农民职业培训体系对我国的启示[J].中国成人教育,2017(1):154-157.
② 曾雅丽,李敏,张木明.国外农民培训模式及对我国新型农民培养的启示[J].职业时空,2012(6):76-80.

第三节 日本、韩国农民培育

一、日本农民培育

日本国土面积小,耕地少,人口密度大,但是日本政府非常重视农业发展和农民教育培训,通过制定一系列优惠政策,培养了大批高素质的职业农民。

(一)日本农民教育培训体系

日本自第二次世界大战后就非常重视农民职业教育,政府各部门之间分工合作,农民培训以教育系统为主,其他有关部门予以配合。农业教育分布在各个教育学程,包括小学、初中、高中、大学。日本综合性大学均开设农业方面的课程,内部设有农学部,进行本科教育。日本的农业院校是专门进行农业本科教育的院校,培养目标是为国家培养大批高素质的农业方面的人才,学生毕业后主要从事农业科学研究和教育教学实践活动,不直接从事农业生产和农业经营活动。此外,日本还设有 45 所农业专科学校,主要从事专科教育。针对初中阶段,主要是通过农业教育来培养从事农业生产的农业应用型人才。针对城市在职人员等开展的是农业技能短期培训,为其重新就业提供技术方面的知识。此外,日本的农业指导式教育,要求新一代就农者在经过学校正规教育之后,根据需要到农民家中接受指导,且要求指导新一代就农者的农民必须具有农业指导师的资格。日本类似的非学历教育是对日本高等农业教育的有益补充。日本还成立了农业协同工会,农协作为农户与市场、农户与政府之间的中介和纽带,承担着日本农民的教育培训职能。而且,日本在各个时期都有针对农民职业教育的不同的政策与举措。所以,日本农民职业教育体系相对完善,农民职业教育长期、持续地贯穿于国家各个教育层次[①],主要由"文部科学省系统"与"农林水产省系统"两部分组成[②],详见表5-2。

表 5-2　日本农民职业教育体系

主要构成部分	包含内容	主要层次	教育对象	学制	教学特色
文部科学省业职业教育	初等农业教育	小学、初中阶段	小学生、初中生		
	中等农业教育	普通高中的农业教育、农业高中	高中生		
	高等农业教育	专科、本科、研究生	大学生、研究生		
		农业者大学校	高中及以上学历（1年以上农业实践工作经验）	3 年	理论与实践相结合
		都道府县农业大学	高中毕业生	2 年	凸显地区农业特色
农林水产省业职业教育	农业技术普及教育	农业实践学园	高中毕业生	5～6 年	实践研修教育
			农村女性青年	1～3 年不等	凸显农业实践能力
		农业改良普及中心	各类从事农业人员	不限	教学形式灵活多样
		农业青俱乐部	各类从事农业人员	短期培训	交流、研究活动为主

---

① ZHZNG X G,XIE P. The realization path of Japan's agricultural modernization and its precious experience for China[J]. Asian agricultural research,2012(12):10-12.

② 泽田守. Status and problems of agricultural training to new farmers [J]. Japanese journal of farm management,2003 (41): 96-99.

续表

主要构成部分	包含内容	主要层次	教育对象	学制	教学特色
农林水产省业职业教育	农协教育	务农预备校	各类从事农业人员	短期培训	农业知识与技术结合
		中央协同会学园	农协二作人员	短期培训为主	民间形式的农业推广
		全国教育中心等	农协二作人员		

(1)文部科学省系统的农民职业教育属于学历教育,包括初、中、高等农业职业教育。①初等农业职业教育属于大众化教育,在日本所有学生中普及,包含小学、初中开设的与农业相关的课程。②中等农业职业教育相对专业化,主要有两部分,一是专业性极强的农业高中,二是普通高中的农业教育,两者的区别在于普通高中的农业教育是为打算以农业为专业参加更高层次深入学习的学生设置的基础性教育,而农业高中专门培养毕业后直接从事农业生产经营活动的学生。③高等农业职业教育包含专、本、硕、博不同层次,其中硕、博层次的农业科研意义重大,日本农业科研成果转化率达到了76%。

(2)农林水产省系统的农民职业教育包括农业技术普及教育与农协组织的培训。农业技术普及教育有正规教育与非正规教育两种形式:①正规教育有农业者大学校、农业实践学园、都道府县农业大学等,非正规教育指的是农业改良普及中心、务农预备校、农业青年俱乐部等。各类别的正规教育学制与招收的对象虽然各有不同,但都注重农业专业素养培养,尤其是实践技能训练,开设的课程包含了农业专业课、人文社会课程、实践实习等,都安排了专门的专业相关研修基地。②非正规教育主要包括讲座、交流活动、研究学习活动等形式多样的短期培训,具有形式灵活、参与规模大等特点[①]。

---

① IM J B,LEE Y M. The progress and challenges of direct payment programs in Korean agricultural sector [J].Korean journal of agricultural management and policy,2007(34):169-195.

(二)日本职业农民培育采取的措施

日本政府深刻认识到,要解决农业后继者缺失、农业生产下降、粮食自给率低、村落凋敝、农业组织化程度低、农业经营兼业化等问题,就必须大力培育有文化、懂技术、会经营的职业农民。

1. 日本发展农业教育的措施

第一,政府高度重视农业教育。日本政府始终把大力发展农业教育、培养职业农民作为振兴农业和农村,以缓解农业和农村经济地位下降情况的根本措施。日本的《粮食、农业、农村基本法》中规定,国家积极扶持农业技术教育,对农业学校进行财政补助。日本农林水产省管辖的农业职业学校实行免费教育,由国家和地方财政分级拨款来提供经费。学校除长年有计划地招收、培养农业、园艺、畜牧等方面的学生外,还免费定期培训或指导社会各界志愿学习农业、园艺、畜牧等技术的人,且国家为即将就农者提供无息贷款,扶持其发展农业生产,鼓励没有土地的即将就农者开荒、开发新农田去耕种。另外,日本政府在农林水产省农产园艺局设立农产者对策研究室,专门负责研究即将就农者的培养政策,规划和指导全国农民培训工作。

第二,实施农业普及教育。日本农业普及教育首先体现在其教育体系上,以培养高质量的农业劳动者为直接目标。农业普及教育延伸到正规教育体系过程中的各个阶段、各个方面。农业基础教育从小抓起,在初等教育的综合学习课程安排中就加上了农业教育的内容。在小学,主要培养学生正确的农业与粮食观念,讲解与农业相关的内容。在初中,农业相关知识作为社会学中的一门选修课进行讲解。除农业高中外,普通高中增设了农业理论和实践课程。此外,还设有独立建制的农业中专、农业大学,许多大学也设有农学院,这为日本社会培养了大量了解农业、重视农业、致力于农业和农村发展的人才[①]。而且,政府允许中等农业学校学生入学采取书面考试

---

① 刘英杰,张凯.日本农业教育的现状、问题与对策[J].世界农业,2001(1):48-50.

和推荐相结合的方式,从而就为更多的人提供了学习农业知识的机会。农业大学是专门为日本各级政府的农业行政部门或私人设立的团体培养农业人才的教育机构。其中,国立农业大学不仅培养适应现代农业发展的从业人员,更注重农村骨干力量的培养。招生对象是 30 岁以下,有志从事农业且具有高中以上文化程度的年轻人,每学年的招生名额为 50 人。各都道府县设立的农业大学校,是大专层次的农业教育机构,学制 1~2 年,教授现代经营管理与农业技术方面的知识和技能。农科类大学及综合性大学的农学部是日本的高等农业教育机构,注重培养农业方面的高层次人才,毕业生多在政府的农政部门、研究所或高等院校工作。

为了帮助农业从事者掌握农业知识,全国各都道府县的农业大学和民间开设的农业教育机构提供农业机械、农业技术研修等课程。都道府县立大学开设三种弹性课程(见表 5-3),满足不同学习者需求。各都道府县农业教育机构针对希望务农的社会人员进行农业专业知识培训研修,如北海道的"周末农业讲座"、秋田县农业研究中心的"未来农业的前沿培育研修"等。政府鼓励那些希望自主经营农业的年轻人通过在职培训,即在农业法人机构边学习边工作的形式提升农业技能,于是在各都道府县开设了农业经营学院。

表 5-3 县立大学课程介绍

课程种类	研修对象	研修时间	研修方法
培训课程	高中毕业生	两年内 2400 小时以上(80 学分)	讲课和演习、实验和实习
研究课程	农业大学和专科学校毕业生	两年 2400 小时(80 学分)以上(也有时间为 1 年的学校)	讲课和演习、实验和实习各占一半
进修课程	以提高技术和知识为目标的农民和希望从事农业的人	一天到几周(根据课程不同)	讲课和演习、实验和实习各占一半

在日本,农业研修培训除政府主导和组织外,还包括农业法人以开展农

业实习形式积极参与农业专业知识研修。自 1999 年开始,日本农业法人协会协助农林水产省开展农业实习工作,截至 2020 年,有将近 200 多家农业法人已登记在册。农业实习免费为学生及社会人员提供在农业公司体验农耕、亲近自然的机会。课程以短期学习为主(2 天至 6 周不等),弹性课程满足不同体验者需求。实习内容因农业法人而异,即使同一家农业法人,体验内容也会因体验者参加的时间不同而不同。体验者深入田间地头,面对面交流,跟随经验丰富的农民近距离观察,感受农耕文化,针对存在的问题和难题双方进行交流,提高学习效果。

此外,农业高中是日本培育青年农民的另一种重要途径,作为一种职业高中,其学生人数在全国高中生中的比重不高,仅为 2.5%(约 8.2 万人),但课程设置丰富,有农业机械、园艺、畜牧等。在日本,农业生产绝大部分采用家族经营的企业形态,男性继承人总体数量明显多于女性,但女性生产者同样是农业发展的坚实力量,倘若不对青年女性务农问题给予重视,日本农业老龄化问题不会完结。基于此,日本政府出台多项政策支持女性从事农业,以东京园艺高中为例,学校针对女生专门开设花型设计等课程以提升其未来务农能力。

日本农业普及教育体系也体现在其非正规教育体系方面。1948 年,日本出台《农业改良助成法》,规定日本各都道府县必须开展农业技术的教育以及普及活动,配备专门技术员和改良普及员负责此类工作,并规定由国家资助此项事业。1949 年,负责农业改良和生活改良的普及职员,开始在农村第一线开展农业知识和生活知识的普及教育指导活动。20 世纪 50 年代中期之后,增加了农业机械化、集团化生产的相关项目以及农业园艺、畜产等项目的内容。生活方面的普及职员从改善农民生活的角度出发,对农民开展普及教育指导,指导农民如何在农忙时期保证营养均衡以及如何合理安排生活作息时间等。1953 年,日本出台旨在提高农业继承人员教育质量的农业实习生交换计划和农业实习生派遣实习制度。面对农业人员的迅速减少、年轻劳动力严重流入城市等问题,1992 年 12 月,日本农林水产省对农业普及教育进行了调整,调整后的基本目标是使农业发展达到效率化、安定化,教育的对象是希望进行经营改善的农业生产经营者以及志愿成为农业生产经营者的人员。在国际化程度迅速发展的情况下,日本在普及职员的研修方面加入了海外研修以及海外技能合作等项目①。日本农业普及教育使日本农民迅速地掌握了农业的先进知识和技术,为日本农业的发展提供了强有力的支撑。

此外,日本农协也承担了一些技术指导工作。农协在农村中拥有相当大的力量,日本有 99％以上的农户都参加了农协组织,该组织机构和活动遍布农村各个角落,对农户的生产生活进行指导和培训,不以营利为目的,对提高农户的农业生产技能、帮助农户树立正确的现代农业观、帮助农户合理选择与利用农业生产资源等农业生产经营领域,以及健康指导、家庭理财等农村生活领域的质量具有极其重要的意义。

第三,人才培养与产业扶持相结合。日本对即将就农者的培养方向十分明确,就是要培育志愿务农、能够适应现代农业和国际市场竞争的高素质农业经营者。日本除了培养专门的农业人才之外,也注重培养农业后继人才,强调从学习与体验中增加对农业的认识与理解,从而感悟到农业对社会发展的重要性。日本文部省规定,农业教育的培养目标是学习有关农业各个分支的基础知识、技术,理解农业的意义和任务,同时培养发展主题农业的能力和态度。在组织教育培训活动中,注重把青年农民的培育作为整个农业经济和农村社会发展的关键环节,鼓励有志务农青年发展农业产业,促进农业产业化的发展。

2. 日本职业农民培育的其他政策措施

第一,日本农业农村保险制度不断完善,保证职业农民的基本权益。在

---

① 陈君,李文英.日本农业普及教育的发展及其借鉴[J].日本问题研究,2009,23(1):47-50.

日本,法律要求农业法人必须为其员工购买工伤保险、雇佣保险、健康保险以及养老保险。1959 年,日本出台《国民年金法》,规定 20～60 岁的日本农民和个体经营者强制参加国民年金保险,缴费 25 年,65 岁后领取养老金,1960 年开始实施,1975 年全民养老保险趋于完善。1970 年,日本出台了《农业劳动者年金基金法》,规定年龄为 20～55 岁、具有一定规模以上土地且是国民年金加入者的农民,因进城或者满 65 周岁而转让土地经营权后,政府在支付其国民年金的基础上进一步支付农民年金,作为国民年金制度的重要补充。该法的颁布有利于促进土地流转,实现土地规模化经营。1990 年,日本出台《国民年金基金法》,规定农民可以交付附加保险费,退休后可以领取附加养老金。日本农村养老保险政策的完善,对提高农业劳动生产率和农业劳动者的种地积极性具有积极意义,尤其是将种地与养老保险相结合,有利于职业农民的培育,扩大了农业劳动者的生产经营规模。2019 年 1 月 1 日,日本全国范围内推广农业经营收入保险,该保险参考农户历史农业收入状况并事先锚定农户收入,较传统农业保险承保范围更广、保费更低,覆盖范围从自然风险到市场风险,甚至还将农户身体疾病所导致的收入减少纳入了承保范围。

第三,建立认定农业者制度。日本从 1993 年开始实行认定农业者制度。国家对被认定的农业者给予政策上的支持,目的是改善日本农业的经营状况,推进农业规模生产,提高农业的经济效益。一方面,对于农业者在取得农地、配备农业生产设备和机械等方面所需的资金及必要资金的融资上实行利息补助。另一方面,对于具有一定规模的农业者,农业用机械、设施、家畜、树木的折旧比例增加,税率上可享受优惠。

第四,加大对农业生产者的财政补贴和金融支持。1993 年日本建立认定农业者制度,旨在改善日本农业经营状况,推进农业规模化经营。对专业化经营、有规模化发展欲望的农业者实施重点扶持,如对认定农业者可给予 25 年的长期低利贷款,对认定农业者农地的取得、农业机械的配备、农业改良等资金由国家、县、市补助利息,实现低利融资。例如,政府对回流农村的京都 23 区居民给予最高 100 万日元的补贴。除补贴外,各都道府县为希望从事农业且立志扎根农村的就业者提供农业机械、农业技术等培训课程;为减轻这些就业者的经济压力,鼓励其接受培训,政府还为其提供最长两年(每年 150 万日元)的研修补助。此外,日本政府还设立了"下一代农业人力资源投资金(准备型)"和"下一代农业人力资源投资金(经营开始型)"。"下一代农业人力资源投资(准备型)"主要用于耕种前的培训和经营后的管理水平提升,在满足资金使用条件下,使用资金的青年人在农业大学或都道府县指定的农业法人接受农业研修时可获得资金补贴。自 2019 年开始,该资金支援对象的年龄由 45 岁提高到 50 岁以下,政府向希望开展农业经营的青年人给予每年 150 万日元(最多两年)的专项支援。"下一代农业人力资源投资资金(经营开始型)"则是为保障青年人开始务农后顺利开展农业经营活动而设立的,主要服务于被市町村认定为"人·农地计划"以及符合"新认定农民"标准的新进入者,给予最长五年、每年最多 150 万日元的补助。2014 年,日本政策金融公库通过青年农业基金,对"新认定农民"提供无抵押以及无担保的无息贷款,缓解其在牲畜购买、果树种植以及营业费用等方面的资金不足问题,总可贷资金为 3700 万日元(特殊情况下可达 1 亿日元)。政府考虑到其在经营初期存在风险大、收入不稳定等情况,在 17 年的借款期限的基础上将宽限期延长 5 年。为增强农业发展的潜力与韧性,计划期 5 年满后的"新认定农民"如需进一步扩大规模,改善农业经营管理,可通过无抵押的超级 L 资金(长期低息贷款),解决自身在购买农地、设施、机械等方面资金不足的问题,贷款利率为 0.16%～0.20%,个人贷款额度为 3 亿日元,法人 10 亿日元,超级 L 资金贷款期限长达 25 年且有 10 年的宽限期。

第五,促进土地流转,推动农业规模化经营。日本农业用地与农民土地权益方面的法律主要包括《土地改良法》《农地法》等。《土地改良法》对农用地的改良、开发及农用土地排水设施等作出了具体规定。《农地法》对农地权利的转让、土地利益关系的调整进行了规定。1962 年,《农地法》的出台确立了农业生产法人制度。1970 年,《农地法》进行了较大的修改,确立了农地保有合理化促进事业制度,以促进农地流转,实现规模经营。2010 年 10 月出台的《振兴农林渔业基本方针和行动计划》对《农地法》进行了修订,建立了农地保有合理化法人制度,赋予农协和农业振兴厅农地买卖、租赁中介等特权,对于撂荒土地,他们有权接管,通过协商换地等方式,将农地集中起来,转租或转售;对劳动力老龄化严重且缺乏骨干农户的村落,允许以土地入股的方式,把整个村落甚至数个村落的土地集中连片,租赁给农业大户经营[1]。日本当前正通过采取多项措施,改变土地零散经营的格局,推进农业规模化经营,以吸引更多的青壮年劳动力务农。为缓解土地流转不通畅的问题,政府设立了农地中间管理机构(农地银行),农地银行承担土地中介职能,联结土地的提供者和需求者,提高土地租借效率和安全性,实现土地集约化。农业委员会对全国农地进行调查并对土地进行编号,将土地使用意向、土地转租情况以及是否闲置等真实情况记录在农田台账上,通过全国农地导航系统发布全国农地使用信息。农地中间管理机构借助全国农地导航系统,为想进入农业的需求者提供免费、及时、全面的农地租赁和购买信息,打通土地需求方和供给方信息不通的"堵点"。

第六,实施环境保全型农业认证制度。日本政府以建立生态农户为载体,通过制定优惠的农业政策,提供各种无息贷款,以及减免农业税收等政策给予农户大力支持,减轻农户的负担,激发农户的积极性,提高农户的经济效益,来推动环境保全型农业建设。日本对于生态农户的标准是拥有 0.3公顷以上的土地、年收入在 200 万日元以上。对生态农户,国家给予无息贷款,主要由农业银行放贷,农民可以获得无息贷款,对贷款的最长时间要求为不超过 12 年。政府或农业协会可以为生态农户提供购置农业设施资金

---

① 姚永龙.浅议日本农业接班人危机[J].中国农村经济,2012(4):87-95.

方面的扶持,以保证农户有足够的资金购买农业设施。政府还在生产经营规模大、农业管理技术水平高、经营效益好的农户处建立农业技术培训、农产品有机示范、农业生态观光等相关基地,供其他农户学习,以提高基地的社会服务功能。

二、韩国农民培育

韩国政府为了避免农业后继无人,十分重视对农民的培训。韩国政府为了使农民培育适应农村市场化、农民主体个性化、农村多元化发展的需要,构建了层次分明、分类明确的农民职业教育培训体系。为了给农民培训提供保障,韩国出台了《农村振兴法》,确定了农民教育的主体具体包括农业合作组织、农业大学和农村振兴厅。农民教育培训由上述机构以及其他民间组织共同完成,这些机构和组织构成了韩国的农民教育培训体系。这种体系非常有特色及人性化,具有非常好的教育培训效果。农业合作组织主要由新农民技术大学、研修院、教育院、农业经营教育支援团组成,主要培训农协会员、农民技术员及职业农民等;农业振兴厅下设道农村振兴院、市郡农村指导所、邑农村指导所,主要培训系统内的工作人员、骨干农民、农村青少年及农业院校的师生;其他民间组织包括农村文化研究会、农民教育学院、农村青少年教育协会等,主要培训青少年、农业技术人员和全体农民。在培育模式上,针对农民的不同需求,韩国对农民培育采取长短期结合、脱产与半脱产结合、理论与实践结合、理论学习与现场实习讨论结合等多种方式,加入各种媒介,丰富了培育的多样性和趣味性,极大地提高了农民参与培训的积极性。此外,农民培育内容新颖、讲求实效且日趋专业化。而且,在培育前,韩国的培训机构首先会对农民需求进行调查;在培育过程中,除了教授与农业相关的知识和技术以外,还向农民提供最新的市场信息。韩国还在乡村开办许多村民会馆,加强农民思想道德教育。同时,成立各种村民组织,充分发挥每个村民的主体性和能动性,发挥民主决策、广泛参与的作用,调动了广大农民的积极性。

（一）韩国农民职业教育体系

类似于日本,韩国的农民职业教育体系由教育系统的农业职业教育与农业系统的农民职业教育两部分构成(见表5-4)。

表5-4 韩国农民职业教育体系

主要构成部分	包含内容	主要层次	教育对象	学制	教学特色
教育系统	初等农业教育	小学、初中阶段	小学生、初中生	—	—
	中等农业教育	农业高中	高中生	—	—
	高等农业教育	综合大学的农学院	大学生	—	—
农业系统	农业推广教育	农渔民后继者教育	农业后备劳动者	—	注重文化知识水平培养
		专业农民教育	核心农户	—	注重产业化经营与管理水平培养
		国立农业专门学校	农场家庭或农业企业家庭学生	3年	注重实践能力培养
农业系统	农业指导教育	农协大学	农协工作人员	4～6个月	上课方式灵活,类别多样
		农协研修院	各级农协指导者	短期培训	定期培训
		农协指导者教育院	农民	短期培训	注重实践操作能力
	农业实践教育	农村青少年教育协会、其他民间团体	农村青少年	短期培训	教学形式灵活多样
	农业培训教育	大型农机企业	农民	短期培训	农业机械操作等

（1）教育系统的农业职业教育跟日本的文部科学省系统的农业职业教育一样，也分为初、中、高等农业职业教育。

（2）农业系统的农民职业教育则包括农业推广、农业指导、农业实践、农业培训等教育。农业推广教育由农业振兴厅管理，包括农渔民后继者教育、专业农民教育、专门农业大学教育等。其中，专业农民教育层次较高，农渔民后继者教育主要培养的是农业后备人才。专门农业大学教育只培养有实践能力的青年农业专门人才①，如已经拥有家庭农场或者农业企业的学生。农业指导教育由农协教育系统，包括农协大学、农协研修院、农协指导者教育院负责。这类教育偏重于指导能力的培养，如基层农协人员的管理能力、农协领导者的领导能力等。农业实践教育由民间组织，包括农村文化研究院、农村青少年教育协会等组织管理，相当于日本农业技术普及教育的非正规教育，主要开展各类培训班教育。农业培训教育则由大型农机企业开展，主要目的是让农业机械使用者掌握与机械相关的知识，同时也提高专业素养②。

（二）韩国农民培育的相关政策和制度

1. 国家支持农业政策

为了应对开放给韩国农业带来的冲击，韩国政府采取了有效的应对策略。2004年，韩国政府制订了"农业和农村社区综合计划"。为确保计划的顺利开展，韩国政府2004—2013年向农业投资了119万亿韩元。此外，韩国政府还制订了"农业和农村社区十年中长期政策框架"以及相应的政策路线图。

2. 农户培训计划

韩国政府充分意识到在农业生产以及农业、渔业竞争力方面，农业生产

---

① 齐美怡，曹晔.日本现代农业职业教育体系建设及对我国的启示[J].职教论坛,2014(10):85-90.
② 刘琼，傅定涛.韩国农民教育概况及其启示[J].成人教育,2011,31(1):127-128.

的主体即农户和渔民的技术、技巧和管理能力比其他因素都要重要,因而必须通过培训提升农渔民的经营能力。农户培训计划的重点在于通过先进技术和管理能力的培训,提升农民在产业主体中的地位;通过扶持有先进技术和管理能力的农业专家,对不同规模的农户进行系统的培训,提高培训的质量。

三、日本和韩国农民职业教育的异同

(一)日本和韩国农民职业教育的共同特点

通过梳理日本和韩国农民的职业教育情况,我们不难发现日本和韩国农民职业教育在许多方面有共同的特点。

1. 农民职业教育理念与时俱进

日本、韩国农业的历史发展进程大致相同,都经历了许多变革和发展,从传统农业转换为现代化农业,成为农业强国这种质的飞跃来源于农业的飞速发展,农民职业教育是其重要推动力。鲜明的理念关系到农民职业教育的正确导向,不同时期国情不同,农民的职业教育理念也各异。在社会经济发展缓慢的时期,解决温饱问题成为农业发展的目标,农民职业教育理念以全民教育为主。第二次世界大战后的日本及 20 世纪 60 年代后的韩国都致力于国家整体素质的提高,农民职业教育则以促进粮食生产、解决食品问题为导向。随着农业的发展与美国模式的引入,日本、韩国农民职业教育以农业技术推广为导向,倡导终身教育,将学校教育拓展到社会的各个层面,形成了国家主导、各方力量积极参与的格局。20 世纪 90 年代后,随着高科技的普及和应用,农业趋向于规模化、集约化发展,两国均以农业现代化、开放式经营管理为导向,日本开展各层次的职业农民教育,韩国则开展专门的农渔民后继者教育。

2. 农民职业教育法律完善

完善的法律是日本、韩国农民职业教育改革、发展的强大后盾。日本农民职业教育相关的法律颁布得较早,并在不同的发展阶段逐年完善,内容也较为全面[①]。最早有明治政府时期的《农业教育通则》,它是日本农民职业教育的开端标志。随着农业的发展,日本陆续颁布或修订了《农学校通则》《农业改良助长法》《职业教育法》《农业基本法》等。《农村振兴法》是韩国农民职业教育相关法律中极为重要的一部,从 1963 年颁布以来修订了 6 次。韩国还颁布了《农渔民后继者培养基金法》《农渔村发展特别措施法》《农业、农村基本法》等。这一系列法律对农民职业教育的培养目标、期限、方式、内容、经费支撑等都做了详细规定,为农民职业教育保驾护航。

3. 农民职业教育政策全面

日本、韩国对农民职业教育实施了财政、金融信贷、农业保险等一系列支持政策。全面的扶持政策保障了农民职业教育的顺利实施与职业农民的利益。日本政府扶持政策主要有价格支持、农业补贴、政府服务、优惠信贷等,如对农业学校办学的经费支持,对认定农业者给予低息贷款,对务农青年有融资优惠与一次性务农补助金,等等。韩国政府扶持政策主要为收入支持、基础设施、直接支付、保险信贷等,如从 2004—2013 年向农业投资123.2 万亿韩元以保证"农业和农村社区综合计划"的实现,为农民职业教育提供教育实习、硬件设施,对参加培训的农民提供优惠利率贷款等政策。另外,被认定为农渔民继承者的相关人员经政府同意可以免服兵役。

4. 农民职业教育"科研、教育、推广"实效显著

日本、韩国农民职业教育之所以体系完善、实效显著,很大一部分原因是高水平农业科研、系统化农业教育与专业化农业技术推广三者有机结合、相互作用,这也是世界农业发达国家共同采取的形式。一方面,农业科研水平日益提高,使得农业教育学科建设与专业设置更加完善与丰富,学农学生

---

① 李红,何红中.发达地区农民职业教育路径建构:基于江苏省与日本的实证比照[J].江西社会科学,2013,33(4):226-230.

规模日益扩大。同时,科研成果在农业实践中的转换率也逐步提高,专业推广成果更加显著与便捷。另一方面,农业教育体系更加丰富,学生规模扩大又成为农业科研的经费、技术、设备、人才等的有力支撑,从而提高了科研水平,人才培养质量的提高又促进了农业技术推广。上述两方面相互作用与渗透,形成了良性循环。

5. 农民职业教育"设计、实施、监督"针对性突出

在日本、韩国等农业发达国家,农民职业教育是一个极其注重教育质量的系统工程,政府会采取有力的措施。第一,普遍实行严格的准入制度。具体来说,在日本、韩国想要从事农业经营生产,必须达到一定的资质。例如:日本的核心农户资格认定,需要经过农业教育、经营规模、实践经验等方面的考量;韩国的农业专业户认定需要从务农愿望、学历教育、工作经验等多方面以量化的形式进行审核;等等。第二,在注重理论知识学习的同时,强化实践动手能力的培养。在日本农民职业教育中,农业者大学校要求学生必须有一年农业实践经验;农业实践学园为农民提高实践能力提供专门的实践研修,时间长达5~6年;都道府县农业大学有校内校外实习场,学生要实习2~3个月。在韩国职业教育中,有的学校如国立农业专门学校就只招收有农业生产经营家庭背景的学生。第三,教育质量监督严密。在日本和韩国,将农民职业教育与职业资格证书认定结合起来是普遍的做法,参加职业教育的学员必须参加考试,考试通过,经政府认可审批后才能获得资格证书,如日本的"农业者认定""生态农户认定"等。

(二)日本和韩国农民职业教育的不同之处

尽管日本和韩国在农民职业教育有许多相同之处,但也存在一定的差异,主要表现为:第一,教育体系上,日本较韩国更加完善,日本各个层次的农业职业教育衔接紧密,囊括范围广泛,种类繁多,可以满足各个层次的农业人群需求,而韩国农业职业教育中初中学段的体系建设尚不完善,农业职业教育学校较少,很难满足各个层次的需求。第二,培训主体上,日本农民培训主体以教育系统为主,再辅以农业改良普及事业系统,而韩国则以农业技术推广指导机构和民间团体为主。第三,培训对象上,韩国对农业后备人才培养相当重视,有专门的农渔民后继者教育;日本不但有对农业继承者的专门培训,还有农村妇女海外进修[①]。

第四节　澳大利亚农民培育

在南半球,澳大利亚是经济最发达的国家,其农业技术先进,职业农民素质高,这与澳大利亚的农民教育培训、认证管理以及相关的政策支持密切相关。

一、澳大利亚农民教育培训体系

澳大利亚非常重视农业教育和农民职业技术培训。澳大利亚的教育主体有学前教育、义务教育、高中教育、大学高等教育类院校,而职业教育是大学教育的有益补充,由继续教育机构及有关的职业机构来完成,主要对未择业人员和职业农民开展农业知识及相关农业技能方面的培训。政府支持大的农场主、农业企业集团开展农业技术培训,并且每年都有大量的培训经费用于支持培训工作。

澳大利亚资格框架体系要求发证机构按照统一标准发放培训结业证书,对于职业教育培训课程的实施和评估始终遵循国家标准。学员可以选

---

① 李毅,龚丁.日本和韩国农民职业教育对中国新型职业农民培育的启示[J].世界农业,2016(10):59-64.

择职业教育或学校教育两种渠道进行学习,每种渠道均随着学习的深入,发放级别不断升高的证书,学员每完成一阶段的教育都可以凭借证书参加工作或继续学习,最终获得学士学位。澳大利亚对职业培训实行准入制度,建立了科学的质量培训框架体系,对培训过程进行了非常严格的监督和管理,有专门的机构负责此项工作。此外,澳大利亚还根据不同行业工作者所需要的知识与技能进行评价,并确定差异化的评价标准。

二、澳大利亚农民培育相关政策和制度

(一)支持农业政策

澳大利亚政府对于农业的直接干预较少,对农产品经营采取开放性政策,建立灵活的市场机制以促进农业发展。鉴于经济外向性程度高,政府调控的主要做法是引导与支持市场信息的传递,提高出口产品质量,通过信息引导来优化和调整农业结构。此外,政府取消了对农产品的直接价格补贴,采取符合世界贸易组织的"绿箱"政策,政府的扶持政策仅限于援助与救济。具体来说,政府对农业的支持措施主要体现在以下四个方面:一是基础设施的服务,政府加大对基础设施建设的投入,积极为农民做好服务工作。二是做好粮食储备,以保证国家粮食安全。三是实施农业收入保险,确保农民收入有保障。四是有关自然灾害方面的救济,对于自然灾害,政府都会投入大量的资金进行救济,以最大限度降低农民的损失。

(二)农业科学研究政策

澳大利亚拥有非常完整的农业科研及农业服务体系,农业科研成果在短时间能有效进行转化,转化率非常高,一般在 80% 左右,这种较高的成果转化率确保了澳大利亚的农业增收。澳大利亚农业的许多领域都处于世界领先水平,比如旱作农育种、畜产品加工等。农业科研机构以国际市场需求

大导向,根据需求采用多个单位和部门联合攻关的形式,形成了科研、生产、销售为一体的农业科学研究体系。澳大利亚农业技术推广体系完善,能将研究成果及时推广到农业生产上,政府也鼓励与生产相结合,推行农业产业部门资助研究与推广政策,政府部门按1∶1的比例资助,用于本行业的科研与技术推广。澳大利亚的农业科研经费来源广泛,除政府投入外,行业协会及各类公司都积极赞助,各种技术推广机构进行有偿服务,同时,农产品销售后的盈利按比例提取用于该产品的技术研究与推广。

（三）农业税收与融资政策

澳大利亚的税收政策针对农业生产与经营有特殊的优惠办法,相关法律规定:对于一般纳税人,在计算收入所得时,只扣除经营性支出,不扣除资本性支出,但有关农业的某些资本性支出可在当年或若干年内扣除。畅通的农民融资渠道是保障农民生产福利、激发其务农积极性的重要保障。

（四）农民教育培训政策

澳大利亚政府对农民的支持重点在于对农民的教育与培训,其根本目的在于提高农业劳动者素质,进而提升农业劳动生产率。在过去的20年中,政策变化给农民的教育培训方式带来了较大的影响。一是减少州级农业推广资金的个人投入,增加政府公共资金的投入,放松政府对教育培训的控制,将教育培训项目实施对外招标,引入市场机制,扩大培训规模,使农民获得更多的教育机会和高质量的教育培训。二是改变了职业教育培训战略。

第五节　俄罗斯农民培育

俄罗斯非常重视农业科技的力量及农业机械化生产,在农业科研方面处于世界前列。而且,俄罗斯农民教育培训方式灵活,接受培训的人员多,俄罗斯整个国家的人都能接受培训,这使得俄罗斯终身教育体系更加完善。

一、俄罗斯农民教育培训体系

俄罗斯农民教育培训体系分为四个层次:一是高等农业教育,主要面向高中毕业生招生,学制 4～5 年,培养目标是农业工程师和农业专家;二是农村中等职业教育,面向初中和高中毕业生招生,学制 2～3 年,目标是培养熟练工人和中等农业专家;三是农村初等教育,主要面向初中毕业生招生,学制 1～2 年,开设职业课程,培养目标是一般农业方面的工人;四是高校后续教育与补充职业教育,主要招收受过高等教育或已参加工作的人员,培养博士研究生。俄罗斯的高等农业教育以高等农业院校及农业科研院所为主。其中,俄罗斯农业科学院是承担高等农业教育的特殊机构,历史悠久,是目前世界上最大的国家级农业科学研究机构。高等农业教育的远程教育通过网络来实现教学的目的,应用比较广泛,不受时间、地点的约束。农村中等教育与农村的经济、文化紧密联系在一起,共同构成了俄罗斯的农村教育。农村复式教学学校是俄罗斯农村中等教育的一大特色。

二、俄罗斯农民培育相关政策和制度

(一)农业补贴政策

俄罗斯为了保证粮食安全,维护农产品价格稳定,保障农民收入不降低,于 2007 年 1 月颁布了《联邦农业发展法》,该法对农业补贴政策做了非常详细的说明。俄罗斯的农业补贴政策大致分为农业补贴国内支持政策、农产品市场准入政策及农产品出口补贴政策三个部分。

（二）农业保险政策及相关法律

俄罗斯的农业生产受天气因素影响较大，为了促进农业经济复苏，保障农业生产顺利进行，国家为农业企业或农场等提供农业保险服务。俄罗斯出台了与农村教育相关的法律，如《2000—2010 年农业食品政策基本方针》《农业合作制法》等，确保农民教育培训顺利完成。此外，还出台了农民教育认证制度，根据欧洲的就业市场来确定职业教育人才的培养规格。

第六节　各国农民培育比较分析

总体来说，各国都非常重视职业农民培育，但由于各国的基本国情不同，各国的做法也不同，从而形成了不同的职业农民教育体系、培育措施、农业支持制度，最终取得的成效也不同。

一、基本国情

农业土地资源直接影响着一个国家的农业生产形态。法国耕地面积占国土面积的 35.41%，德国的比例为 34.64%，英国的比例为 25.24%，美国的比例为 17.79%，俄罗斯的比例为 12.9%，澳大利亚的比例为 6.19%，日本、韩国的该比例相对较低。从平均农业土地占有水平看，人口密度较大的日、韩明显处于劣势。从农业人口人均耕地面积看，在上述分析的几个国家中：澳大利亚、俄罗斯最多，为 13.87 公顷/人；韩国最低，仅为 0.2 公顷/人；美国为 2.77 公顷/人；德国为 0.66 公顷/人；荷兰为 0.55 公顷/人；法国为 1.66 公顷/人；英国为 0.58 公顷/人；日本为 0.46 公顷/人；俄罗斯为 3.35 公顷/人。

劳动力作为一项农业生产要素,其重要程度不亚于土地。伴随社会经济的发展,第一产业就业人数逐年减少。2021 年,俄罗斯的农村人口占比约为 25%,欧盟中德国和法国农村人口占比分别是 24%和 20%,美国农业人口占比约为 18%,韩国和英国农村人口占比均约为 17%,澳大利亚的农村人口占比约为 10%,日本和荷兰的农村人口比重,仅为 6%和 7.4%。[①]

二、农民培育相关法律

各国都建立了职业农民培训的相关法律,如美国制定了《莫雷尔法案》《哈奇法》《史密斯-休士法》《职业教育法》,德国制定了《职业教育法》,荷兰制定了《合作社法》《农业财产法》,法国制定了《农业教育指导法案》,英国制定了《农业培训局法》《技术教育法》,日本制定了《农学校通则》《农业改良助长法》《农业基本法》《食品、农业、农村基本法》,韩国制定了《农村振兴法》《农渔民后继者育成基金法》《环境友好型农业促进法案》《农业、农村基本法》,澳大利亚制定了《国家培训保障法》《澳大利亚技术学院法》《职业教育与培训经费法》《澳大利亚职业教育与培训法》,俄罗斯制定了《联邦农业发展法》《消费合作社法》《生产合作社法》《2000—2010 年农业食品政策基本方针》《教育法》《联邦教育发展纲要》《农业保险法》。

从各国的法律来看,主要有以下共同特征:一是各国都有明确的管理机构管理农民教育培训工作,并对培训机构的认定、考核都做出了具体的要求,如德国法律规定农民教育培训工作由农业协会主管,地方教育局和培训农场协同进行,而英国法律规定由教科部负责,澳大利亚法律规定农民教育机构由澳大利亚技能标准管理委员会来评定。二是各国法律对农民教育培训经费都有明确的规定,例如:1936 年,美国国会颁布相关法律,规定联邦政

---

① 数据来源:作者根据华经产业研究院的统计数据整理得到。

府为各州农工学院拨款 1400 万美元；英国规定农场工人带薪参加培训，工资由政府支付；澳大利亚规定年收入较多的雇主应将工资的一定比例用于培训员工，工资达到 22.6 万澳元以上的雇主将工资的 1.5% 用于培训员工。三是各国政府对农民资格开展了认定，如德国规定必须经过不少于 3 年的正规职业教育且取得初级农民资格，再经过 5 年的生产实践考核合格后，才能获得农业师傅资格①。

三、职业农民教育培训体系

经过长期实践探索，各国都形成了较为完善的农民教育培训体系，政府、农业院校、科研机构、农民培训机构相辅相成。国家负责统筹规划职业农民培训相关工作，高等农业院校负责培训，其他培训机构及协会组织作为补充。

（一）政府是农民职业教育培训管理的主体

各国都以政府为主体，制定相关法律，从宏观上管理职业农民教育培训，具体的管理工作由政府相关职能部门承担，不同国家承担的部门不同。综合各国的情况来看，主要由农业部门、教育部门和农民组织来负责，有的国家由几个部门共同负责。由农业部门管理的国家居多，占 3/4 左右，如美国、法国等。美国实行垂直管理，按自然区划自上而下地组织农民教育培训工作，农民教育培训所需要的经费全部由政府承担。法国中等农业学校和高等农业学校的校长均由农业部直接任命，并直接拨付教育经费、批准专业设置等。

(二)农民教育培训内容丰富

各国农民教育培训的内容都特别丰富,都非常注重理论和实践相结合,具有非常强的针对性和实用性,非常注重根据社会需求及市场行情变化设置培训内容,培训的系统性非常强。西方发达国家的农民教育培训内容,从传统的种植养殖技术不断拓展到涵盖产前、产中、产后的有关领域,从传统的技术扩展到了经营管理、市场预测、经营决策、市场营销、质量监控、风险规避等各个领域,从传统的栽培管理模式向绿色农业、有机农业、智慧农业、高端农业和数字农业发展。同时,为不同层次的农民提供不同的培训内容。

(三)农民教育培训形式多样

随着社会的不断进步,农业经济迅速发展,各国针对农民的教育培训形式呈现多样化趋势。不仅培训内容丰富,形式也灵活多样,韩国创造了"4H"教育模式,德国创造出了"双轨制"教育模式,将短期培训与长期培训相结合。有的国家根据培训目的的不同将教育方式进行区分,如英国、法国和德国根据培训目的的不同,将农民教育分为基础农业培训、专业培训和晋升技术职称培训等。

(四)政府提供农民教育培训经费

各国政府每年财政预算中都有一部分用于农民教育培训,如英国农民教育培训经费的70%由政府提供,美国财政预算中每年用于农民教育培训的经费有600亿美元[①],德国农民教育培训经费占国家教育投资的15.3%。同时,各国都非常重视发挥政府拨款在农村培训投资上的主渠道作用。例如:法国政府通过农业补助方式,拨专款支持农业技术研究与推广,并对农业教育进行大量投资;德国农民参加培训免缴费用并可获得伙食补贴等。

---

① 沈淑霞,吴洪钟.当代美国农民教育对中国农村教育人力资本投资的启示[J].世界农业,2011(9):75-77.

四、农民和农业政策支持

各国政府非常重视对农业和农民实行支持政策,既有对农民和农业的直接支持,如给予补贴,也有间接上的支持。通过直接和间接的支持,调动了农民参与农业生产的积极性,提高了农民参与培训的主动性和创造性。概括起来,国外政府对农民和农业政策上的支持主要表现在财政补贴、金融信贷和农业保险等方面。

（一）财政补贴政策

各国政府每年不仅对农民进行免费培训,司时对农民和农业实施财政补贴政策。例如,美国施行的直接支付和反周期支付政策、自然灾害补贴政策等;欧盟施行的价格保护政策,即对内实行价格支持,对外实行贸易保护。2004 年之后,韩国将农产品的支持政策由市场价格支持为主转向生产者直接支付。其中,直接支付政策主要是直接补贴环境友好型农业生产的农户和提前退休的农民。

（二）金融信贷政策

各国都为农民生产提供优惠的信贷支持,既有短期的也有长期的,贷款利率虽然不同,但相对其他贷款来说不仅利率低,办理手续也简单,有的国家甚至不需要进行贷款抵押。良好的金融信贷政策,解决了农民农业生产资金上的困难,促进了各国农业高速、高质量的发展。美国不仅在紧急时期为农场提供紧急贷款,在平时也为农场主提供信贷资金,而且信贷体系发达,共有 49 家各类银行为农民提供信贷服务。俄罗斯则注重信贷的公平性,基本满足所有农民的需求。

（三）农业保险政策

各国都出台了农业保险政策,保证遭受自然灾害时,农民能得到相应的经济赔偿,但各国的农业保险政策不同。美国的农业保险以政府为主导,主要是国家专业保险机构负责,政府对官方组建的农作物保险公司的资本、存款、收入等免税,同时,为其他农业保险公司提供一定比例的保费补贴和经营管理费用补贴。农民仅需要支付一部分纯保费,其余部分由政府补贴。具体保险包括农作物保险、有机农作物保险、农业灾害援助和补充的收入援助等。除了为农作物提供保险外,还为农民提供关于牲畜、饲料、苗圃等的自然灾害援助。

第六章　高素质农民培育的制约因素

农业是国民经济的基础。一个国家经济实现现代化的难点就在于推进农业现代化,为避免与现代农业生产要求相适应的高素质农业从业者短缺,就必须加快高素质农民培育。高素质农民培育作为乡村人力资本开发的重要方式,对增加农民增收、带动村民共同富裕方面有着不容忽视的作用。但是,目前我国农民职业培育存在人才培养断层,与农村产业结构升级和乡村振兴等对乡村人才的迫切需求之间存在梗阻,农业生产中技能型人才的短缺已成为我国乡村高质量发展的"瓶颈",需要以更加有力的举措来完善农民职业培训和职业教育,特别是要加大高素质农民的培育力度。从目前的情况来看,我国在高素质农民培育上遇到了一些难题。因此,分析这些现实困境,有助于高素质农民培育机制的构建,加快农村人力资本开发,促进农业全面升级、农村全面进步和农民全面发展。

第一节　政策因素

一、高素质农民培育缺少立法保障

不可否认,现有的一些农民职业教育培训的条例或者规定对高素质农民培育有一定的指导意义,但主要是偏宏观层面纲领性的,比较宽泛,缺乏针对性和可操作性,而且存在执行时不到位的情况,因此,难以从根本上改变目前高素质农民培育散、乱、差的现象。究其原因,就在于当前我国与农民培育有关的法律只有农业法和职业教育法等普通法律,尚缺少一部专门针对高素质农民培育的基本法律。这种状况不改变,就难以适应现代农业发展对高素质新型农业经营主体素质提升的需要。

二、高素质农民培育缺乏规范性

在高素质农民培育的初期,依靠政策的引导能够起到一定的效果,但从长远看,为了保证高素质农民培育的长期性和可持续性,必须有法律保障,当今世界许多国家都对农民培育明确予以法律制度上的支持。为促进和规范农民培育工作,提高农民的科学文化素质和从业能力,我国部分地区依据《中华人民共和国农业法》《中华人民共和国农业技术推广法》等相关法律法规,制定了农民教育培训方面的条例。如天津市、甘肃省分别制定了《天津市农民教育培训条例》和《甘肃省农民教育培训条例》,以培训条例的形式明确了农民教育的目标、组织管理、部门职责、教育培训机构、经费补贴及条件、监督管理、违规处罚措施等。但农民教育培训的规范性还没有在全国体现出来,许多地方农民培育依然缺乏有力的法律和制度保障,如对职业农民资格的界定、职业农民培训的财政扶助力度等不明确。

三、高素质农民全面发展的政策体系尚未形成

通过梳理近些年的中央一号文件和各部委出台的相关政策可以看出,国家从各个方面支持和保障农民技能培训的开展。各级地方政府响应中央的号召,出台了一系列体现当地特色的高素质农民培育实施方案、指导意见

以及认定标准。支持高素质农民技能培训的政策虽多,但尚未构建起高素质农民全面发展的政策体系。由于高素质农民全面发展的政策体系不完善,各部门只能根据自己的职责和职能,按照上级部门的要求开展农民技能培训工作,很容易形成各自为政、多头管理、主体职责不明确的局面,造成培训内容不系统甚至是低层次的重复。可以说,没有形成高素质农民全面发展的政策体系,也就难以形成权责清楚、高效负责的工作体系。而且,部门之间也会因为缺少必要的交流和沟通,无法实现有效的协作,形成合力。另外,现有政策中普遍缺乏高素质农民培育工作的督导、约束和后续跟踪管理措施。近年来,我国针对高素质农民培育出台了系列政策,但"干货"少,针对性和可操作性不强,在地方要执行到位非常难,特别是很多地方还将高素质农民培育专项资金与扶贫资金整合使用,导致农业农村管理部门的意见非常大,大大打击了开展高素质农民培育工作的积极性。再加上当前促进高素质农民培育的制度尚不完善,比如高素质农民作为一种职业,未能参照工业化的岗位(工种)建立与其他专业技术人员分类、分级管理相协调的岗位(工种)职级,尚未制定职业准入制度和职业资格等级证书制度,缺少不同类型、不同层次高素质农民的岗位标准和岗位晋升制度,农民接受继续教育的相关配套制度也有待进一步完善。因此,应尽快完善与高素质农民教育培训、发展扶持、引导激励和社会保障等相衔接配套的政策体系,形成分层、分类的农民的职业标准以及规范化的标准和认证制度,明确各部门的职责和任务,确保其目标一致、密切协调,共同推进高素质农民培育工作。

四、高素质农民培育政策的精准度不够

现有的高素质农民培育政策在组织实施、宏观管理和层次定位等方面

都作了比较详细的规定,但对一些方面的支持提及较少,精准度不高[①]。比如现有政策未明确高素质农民在贷款、利息、奖励、社会保障和成果使用等方面的具体优惠;高素质农民通过培训获得的绿色证书未能与相关生产扶持政策挂钩,农民无法真正感受到参训获证带来的优惠政策。而且,也没有出台培养高素质农民后继人才的相关政策。要想提高农民参训的积极性,有效实施先培训后上岗制度,急需提高政策实施的精准度,提高政策的执行效果。

第二节 机制因素

一、培育资源分散

乡村振兴需要高素质农民来支撑。而培育高素质农民是一项系统工程,需要整合各方资源。从横向看,高素质农民培育工作涉及农业农村、发改委、财政、金融、教育、宣传等部门。但是,目前我国农民培训资源分散,未能形成统一的资源共享机制,主要表现在以下方面。

首先,教育、财政、农业、妇联、劳动等多部门都与农民培育工作相关,在积极贯彻落实高素质农民培育相关政策及组织实际活动时,需要这些部门的深度合作,形成合力,共同推进。但是,部门间却各自为政,条块分割,未能形成统一的规划和管理,使得农民培育资源分散,常常出现培训内容重复、培训对象重复、培训未实现全覆盖等情况。由于制度性障碍和有限的经费过于分散,既增加了培训成本,又降低了培训效率,影响了农民培育的质

量。此外,因各地区城乡教育资源、培育条件差异较大,培育效果参差不齐,难以形成合力,从而影响了教育培训效果。

其次,职教中心、技工学校、社区教育中心等各自开展农民培育,相互间缺乏交流与协作,在培育资源共享方面存在体制性的障碍,未能形成农民培育整体合力,导致重复培育,造成资源浪费[①],且效果不佳。

再次,农村普通教育、职业教育和成人教育三类教育尚未形成有效的资源共享机制,师资、场地、设备未能有效整合,难以发挥资源的整合效益。目前,高素质农民培育分为短期培训、技能培训和学历教育等。短期培训和技术技能培训突出的特点是"短、平、快",虽然能起到开阔农民视野、拓展思路,提高经营管理能力的效果,但是由于培训时间较短,很难大幅度提升农民的素质。只有引导农民参加学历教育,才能更好地培育高素质农民。因为经过学历教育的职业农民的主观能动性要大于未接受学历教育的职业农民,于是,在长期的劳动实践中,前者就可以创造出更为先进的农用装备、技术以及生产经营方式。我国大力提倡和鼓励农民接受学历教育,在《农业农村部办公厅关于做好 2020 年高素质农民培育工作的通知》中提出"推动农民学历教育提质增效";在《农业农村部办公厅关于做好 2021 年高素质农民培育工作的通知》中,提出"实施好百万乡村振兴带头人学历提升计划"。但是,目前农民接受学历教育的积极性并不高。一方面是因为各级院校的办学体系、人才培养模式、考核与评价机制等不适合农民这种类型的成人教育。另一方面,出于对生活、生产以及经济因素的考量,农民参加学历教育的积极性受到影响。当前的高素质农民培育以各级农广校、农民科技教育培训中心等农民教育培训专门机构为主体,以农业科研院所、农业院校和农技推广服务机构及其他社会力量为补充。农广校作为政府农业农村部门的下属部门,承担了高素质农民培育的绝大部分任务,培育的农民超过 50 万

---

① 赵家兴.河北省新型职业农民培育问题研究[D].秦皇岛:河北科技师范学院,2021.

人,占培育总任务量的 60％以上①。

最后,培育工作中上下联动不够紧密和协调。从纵向上看,高素质农民培育工作涉及部、省、市、县(区)四级,上下级部门对这项工作的认识和定位存在着一定的偏差,在上下联动上产生了一定的问题,影响了政策落实与工作实效。

二、培育内容不实

高素质农民培育是一个系统工程,既要对培育对象进行综合素质、职业素养、绿色发展理念等的培训,也要根据不同类别培育对象的需求进行经营管理、生产技能、专业技能和创业兴业等方面的培训,这就要求培训内容要完善、精准。

现有的培育课程在一定程度上存在着理论课程比较空泛、实践课程不够典型、素质课程比较抽象等问题:(1)随着各地产业的快速发展,不同地区的农民对农业知识的需求不同,甚至同一地区的农民对培训知识的需求也不相同,但目前的培训内容脱离农民实际需求,呈现"大水漫灌"态势。笔者在与培训机构管理者的访谈中了解到,农民培训的内容由政府相关部门决定,并非经由对当地农民实际需求的调研来确定。这种自上而下的、为了完成任务而进行的、没有充分调研的培育工作,在内容上明显缺乏针对性和实用性,导致开设的课程无法充分满足农民的实际需求,效果可想而知。尤其是当前农村一二三产业融合发展和新模式、新产业、新业态的出现,农民迫切需要全产业链培训,但许多地方的师资力量和培训方式难以满足农民多样化和特色化的技能培训诉求。(2)在实际操作过程中,往往忽视综合素质

---

① 中央农业广播电视学校调研组.培育高素质农民 推动乡村人才振兴:全国农广校农民教育培训调研情况报告[EB/OL].[2021-09-13]http://www.sc3n.com/index/news/detail/id/19557.html.

的培训,导致高素质农民发展后劲不足。笔者通过与农民的访谈了解到,对于高素质农民的培育,各地主管部门均有财政上的支持,但农民参与该培育的主动性和积极性并不高,这往往是因为某些物质或者经济利益。(3)现有针对高素质农民开展的培训缺乏有效的规划,大多是一次性的、终结式的,教学内容也没有授课标准,而且,培训过程仅注重理论讲解,实践性、示范性教学较少,导致高素质农民培育缺乏延续性和长效性。此外,实训基地的建设也不够完善,仍处于发展阶段,产教融合实训基地、创业孵化基地和农民田间学校等的办学条件还比较差,同质性问题比较突出,且未严格执行相关实训课程的授课计划,实践教学作用未能得到充分发挥,与农民的实际需求之间还不能精准匹配。(4)培训内容中较少涉及文化素质方面的内容,特别是缺少对农民积极向上的精神文化方面的培养①。

三、培育方式不活

在走访中笔者了解到,目前,集中学习、分段学习、在线学习等各种教学形式的配置不够合理,特别是一些基层学校的教学形式不够多样。集中学习仍然是高素质农民培育的主要方式,主要依赖传统线下教学方式,信息化教学手段不够完善,信息化、数字化应用仍不够广泛,现有的在线应用的针对性和实用性也不足。由于我国农村比较分散,受交通、食宿、误工等因素的影响,集中学习无法满足农民就近接受培训的诉求,农民参训的积极性并不高。于是,一些培训机构就会选择一些短期培训项目,也没有开展后期的跟踪服务,这与政府部门对培训机构的年终考核仅仅注重完成培训的数量,而没有涉及培训的质量和高素质农民资格认证的比例有关,培训机构为了

---

① 海飞,袁水霞,张志刚,等."互联网+"背景下高素质农民培训模式改革研究与实践:以河南农业职业学院高素质农民培训为例[J].河南农业,2021(21):48-50.

应付培训任务使农民培训流于形式。

四、保障措施不力

实施乡村振兴战略的关键是解决好人、财、地的问题。农村土地制度、农民培育师资和农民培育经费是高素质农民培育的基础保障。但是,我国的"农民荒"、大量农村青壮年劳动力离开农村进城务工、跳农门等现象都从一定程度上反映出,长期以来,我国农民由于受身份与地位的影响,职业认同度较低。高素质人才首选城市就业,年轻人更愿意留在城市生活,这充分说明年轻人对乡村生活缺乏认同感,对农民这一职业的认同度较低。这与我国现行的一些农地制度不适应规模化、机械化的现代农业生产方式有一定的关系,再加上农业比较效益低,使得依靠农业获得的收入难以提高,这就大大降低了这一职业的认可度和吸引力。同时,农村教育经费投入不足也是影响我国高素质农民培育工作的主要因素,师资队伍薄弱也是制约我国农民培育工作的关键因素。当前,全国各地普遍存在农民培育师资队伍不稳定、类型结构不合理、学历职称不达标等问题。高水平双师型储备师资仍然不足;农广校体系的教师实践教学经验较丰富,但理论水平较欠缺;职业院校的教师理论水平较高,但又欠缺实践教学能力。而且,参与高素质农民培育的教师大多是兼职的,只能满足短期的、阶段性的培训,在长期跟踪指导服务方面就显得力不从心。此外,农民培育师资的开放性不足,在吸纳"田秀才"、"土专家"和涉农专业技术人员等农业农村实用人才进入师资队伍方面做得还不够好。加之高素质农民培育的公益性和社会性较强,资金来源十分有限,仅靠目前的财政支持较难有效支撑资金需求。

五、管理服务不全

高素质农民认定是一个农民经过经营管理培训和生产技能培训后，其综合素质提升到一定水平的表现，是对高素质农民职业能力的认可和肯定。证书的颁发不仅代表一个农民身份的转变，也是农民踏上一个新征程的开始。目前，高素质农民认定工作由县级及以上政府有关部门开展，主要认定生产经营型高素质农民，但是，还没有形成完善的初、中、高三级贯通的认定体系。就目前的情况来看，实际操作过程中，由于认定的类别较多，比如部分县高素质农民认定的类别只包括果树、蔬菜、养蜂、农民信息员、农机等，认定标准的制定不够具体细致，甚至不同类别的高素质农民认定标准大同小异，类别特征不明显。此外，由于不同层级和地区认定标准不一，认定证书的通用性不够。在评价考核方面，高素质农民的学习成果评价涉及学习培训经历、职业技术技能、从业经历等多方面，目前的评价方式还不够科学，学分转换机制不够完善。

在管理机制方面，高素质农民培育工作的绩效评价监督机制还不够健全，高素质农民数据信息统计监测与评价的工作水平还不够高。

在配套服务方面，高素质农民培育的跟踪服务还不够系统，对于经过认定的高素质农民的人才支持和激励等方面的服务还不够完善，存在重过程培育、轻跟踪服务现象。高素质农民培育并非一蹴而就，需要农民花费较长时间去理解培育的内容，并逐渐实现角色的转换。然而，目前不少的高素质农民培育工作过于追求短期效应，如求培育数量不求培育质量，求形式合理不求实质合理，未能建立起完善的高素质农民长期跟踪帮扶机制，更多是借助各种培训活动短时间内帮助农民解决技术问题和管理难题，导致高素农民培育的持续性较差。

六、宣传力度不大

从培训政策来看,政策宣传不到位,农民对政策也不了解。近年来,我国出台了多项政策来支持高素质农民培育,并将其与乡村振兴相融合,以政策扶持拉动农民职业化的转变,但因为不了解培育政策而拒绝参与的农民较多。究其原因,一方面,农民思维固化、文化程度相对较低,通过短期课程培训难以全方位了解培育政策,导致其将培育错认为是政府的"面子工程"。另一方面,政策前期宣传不到位,多数农民不了解培育政策,对高素质农民培育的益处认识不足,仅仅为了培训补贴而参加培训,这也不利于后续高素质农民培育工作的开展[①]。

第三节　人员因素

一、农业劳动力结构失衡

目前,农业生产领域人力资源结构不平衡,农业劳动力萎缩,农业人口结构失衡,人才使用效率较低,农业现代化技能水平较低,缺少实用人才。农业劳动力萎缩的原因主要有两方面:一方面,城乡统筹发展过程中,农业劳动力向非农领域转移;另一方面,传统农业对农民特别是青年一代农民的吸引力远不如非农产业,造成农村劳动力的缩减。当前存在的人口结构失衡问题,主要就是高素质农民中人口结构的不均衡,老龄化比较严重,新生

---

① 张旭刚.乡村振兴战略下我国农村职业教育的战略转型[J].教育与职业,2018(21):5-12.

代农民的比例不高。尽管高素质农民年龄已呈现年轻化趋势,但 35 岁以下这一年龄段的比例仍然不高。有研究显示,当农户年龄在 50 岁以上时,其所经营的耕地规模与年龄呈负相关,年龄越大,所经营的耕地规模越小。当前的农业生产对体力的要求仍比较高,老年劳动力在体力和精力方面与青壮年相比差距较大,大多数人只适合从事小规模农业生产。

二、农民专业技能水平偏低

高素质农民的专业技能水平主要包括文化程度、专业技术能力、研究创新能力以及信息收集能力,直接决定其所从事的职业的高度。从总体上看,高素质农民文化层次有所提升。目前,农民群体中绝大部分仍是初中文化水平,小学及以下文化水平占有一定比例且以 50 岁以上中老年人为主,大专以上学历逐渐增加但整体所占比例不高。而对于后代教育的态度,高素质农民大多支持子女上完高中和大学,说明其对文化知识的重视。专业技术能力方面,尽管目前的职业农民都接受过专业技能培训,但不同的年龄和文化程度必然导致其对所学技能的掌握程度差异较大,多数农民只能部分掌握,掌握技能程度有待进一步提高。在创新研究能力方面,目前的高素质农民在其从事的农业生产经营活动中有创新能力的可以说仍然不多,创新能力有待提升。在农业信息获取能力上,目前农民仍以亲朋邻里或者广播电视等渠道为主要信息来源,小部分人通过农业科技推广渠道获取信息,相当数量的人对市场信息了解很少或不及时,总体上看,农民获得农业科技信息尚缺乏有效的渠道,很多农民不善于利用信息化手段获取外部信息。

三、农民管理经营素质和经验水平不高

现代化农业要求农民适应市场需求,实现农业规模化和产业化经营,这

表明农民不仅只是生产者的身份,还要具备管理、经营、销售等方面的能力,面对逆境应具有较强的心理素质和抗压能力。高素质农民在经营管理农业时应具备决策、组织协调和计划控制能力,在心理素质上还要具备较强的自信、自控力和逆商。因为在复杂的大市场环境下,生产经营需要承受高度压力,可能会遇到困难、困境甚至失败,需要面对挫折和孤独感,农民唯有积极乐观且能理性控制自己的思想和行为才能应对。

四、农民参与培育的动力不足

尽管当前高素质农民在数量上有所突破,但仍沿用以家庭为单位的小农经营模式,多数农业生产者仅凭经验,不懂现代农业技术和现代农业管理知识,难以满足农业农村现代化的发展需求。在实际中,许多农民并不愿意接受高素质农民培育,甚至还有部分农民认为"高素质农民"只是换了种叫法,本质上并未改变农民的身份,于是参与培育的积极性不高。因此,如何引导更多农民参与高素质农民培育是亟待解决的问题。

第七章　高素质农民培育模式

从 2012 年中共中央提出新型职业农民培育到现在的高素质农民培育，各地积极探索高素质农民培育的新模式、新路径，着力培育一批综合素质高、生产经营能力强、主体作用明显的高素质农民，取得了可喜的成绩。通过高素质农民培育，能够助力乡村振兴战略实施，助力脱贫攻坚成果的进一步巩固。在高素质农民培育过程中也创造出许多有效的培育模式，对推动高素质农民培育工作的开展具有非常好的借鉴作用。本章将重点介绍"政校合作 产学研贯通"培育模式、农民"田间学校"培育模式、"三段三化管理组合"培育模式、"三产融合＋三位一体"跟踪服务模式、"三三三"贯通式培育模式等。

第一节　"政校合作 产学研贯通"培育模式

西安职业技术学院长期从事高素质农民培育工作，积极探索"政校合作 产学研贯通"的培育模式，为本地区培育了大批高素质的"三农"人才。

一、主要做法

(一)打通乡土人才"学历+技能"双提升通道

学院充分发挥涉农专业的资源优势,率先成立乡村振兴学院,大力实施乡村人才振兴服务战略,积极探索政校合作人才培养与交流机制,实施"文化素质+职业技能"综合评价考试的招生模式,支持农民通过灵活形式接受高等职业教育,实现高素质农民培育与高等职业教育的有效衔接,在完善职业教育与培训体系的同时,打通了乡土人才学历和技能双提升的通道,圆了高素质农民的大学梦。

(二)因材施教,多元化培养

坚持新发展理念,以服务"3+X"农业特色产业和促进农民职业化为导向,针对培育对象个人的能力、性格、志趣等具体情况,因材施教,为其量身定制学历教育人才培养方案。在课程设置和教学内容选取上,将农民学历教育与技能培训、理论教学和实践教学相结合,突出农业农村特色;在教学组织形式上,采取"半农半读、弹性教学"的方式,将集中学习和分散学习、线上学习和线下学习相结合;在教学成果评价方面,将共性考核和个性考核相结合。

(三)送教入户,设立田间学堂

根据农业生产的季节性特点,将教室移至田间地头,教师现场传授现代农艺技能,帮助培育对象解决生产过程中的实际问题,从而实现了专家与农户、教育与产业的有机对接,有效构建了学历教育与培训并重的现代职业教育体系,打通了乡土人才成长路径的"最后一公里"。

(四)产学研贯通,锤炼"三农"高技能乡村工匠

目前在学院就读的高素质农民基本都是本地区产业发展的主力军、致

富带头人,实践经验丰富,但是理论水平欠缺。针对培育对象十分关注的多年生果树品种改良工作的情况,学院按照产学研贯通和加快农业科技创新的育育理念,设立了植物组织培养实验室,开展珍稀植物的规模快繁、品种改良、脱毒生产研究,为农业生产提供技术支持,锤炼"三农"高技能乡村工匠,为高素质农民铺就了一条钻研科技、培育品种、传授技术、助农增收的脱贫致富之路。

二、主要特点

一是政校合作完善了"一主多元"高素质农民培育体系。针对当前农民培育体系存在的问题,学院在培育高素质农民队伍的过程中,充分发挥自身在教学设施、师资队伍、专业特色、技术成果等方面的资源优势,积极开展高素质农民高等职业学历教育,并与市农培中心、各区县农广校在学员选送、班级管理、基地建设、后续指导等方面统筹协调,形成培育的大合力。

二是产学研贯通实现了农业生产与职业教育的无缝对接。学院的组培技术团队开展西安周边地区果树苗木的组培脱毒技术研发工作:两个樱桃优良砧木品种吉塞拉六号和兰丁二号成功脱毒,已培育上万余株,并得到推广;石榴、梨等优良品种的脱毒技术即将开展研发。学院在高素质农民培育过程中实现产学研深度融合,促进科研成果的转化。同时,积极开展校企合作,联合荣华控股企业集团开设订单班,共同搭建农业产业项目关键技术研发平台,开展经济作物组培技术应用研发推广工作,服务地区产业。

三是弹性学制促进了农民培训与学历教育的互融互通。采用弹性学制,在教学组织形式上,将三年的人才培养方案同农时有机结合,采用不同的形式开展分段教学。对于专业基础理论知识,集中面授;理论教学和生产过程中的疑难问题则采用线上教学;农业生产中的实际问题,就近选择实践基地作为分散教学点,通过现场教学进行解答。

四是线上线下融合,创新农民教育混合式教学手段。学院为应对新冠肺炎疫情,搭建农民线上学习平台,分类设置综合素养、通用能力、成长基础、公共必修、创新创业等类别的课程,并采用网络直播、在线交流等方式开展线上线下融合教学。

三、工作成效

一是构建了高素质农民学历教育培育体系。学院通过专项技术培训、农业高等职业教育的专门培养、全日制高职教育的系统培育,实现了初、中、高等农民职业教育的贯通培养。

二是提高了高素质农民队伍的整体素质。伴随学院高素质农民学历教育培育模式创新的开展,一批高素质农民逐渐成长,成为农民致富的"领头雁"、科技兴农的"接力棒"、乡村振兴的"助推器"。学院现有正式注册大专学籍的在读高素质农民学历班学员 400 余名,已有部分学员在培育的过程中成为预备党员,还有部分学员已成为当地农技推广骨干,在技术推广、乡村振兴中发挥着主力军的作用,提高了西安地区高素质农民队伍的整体素质。

三是建立了高素质农民培育的实验室,促进科研成果转化。学院专门建立的高素质农民组培实验室,以及由 6 名老师和 6 名高素质农民学员组成的科技研发小团队,大规模开展快繁和脱毒生产,产生了一定的效益和价值。[①]

---

① 李小民,蔡云波."政校合作 产学研贯通"高素质农民培育模式[J].农民科技培训,2021
(5):40-42.

第二节 农民"田间学校"培育模式

淮北市加快培养高素质农民队伍,积极探讨以农民为主体、以需求为导向,以田间地头为课堂的农民"田间学校"新模式,助力乡村人才振兴。

一、主要做法

(一)夯实基础"建",构建"田间学校"培育体系

一是一主多元建体系。统筹利用市、县(区)、镇(街道)、村(社区)四级农业服务机构资源,调动科技、教育、市场等社会多元力量参与,构建一主多元、上下贯通的办学体系。

二是整合资源建基地。整合农业企业、高等院校、科研院所、行业协会等资源,采取公开招标、联合办学的方式,公开招标遴选 7 家具有独立法人资质的培训机构,建设以合作社、家庭农场为载体的省级农民田间学校 9 家,设立高素质农民实习实训基地 21 家,邀请 266 名科技特派员、农科院的研究人员等定期现场授课。

三是政策支撑建平台。优化土地、金融、户籍、医保等政策,支持高素质农民创办农业新型经营主体、加强创新技术研究,鼓励高素质农民开展示范项目立项,搭建与产业扶持、金融保险、土地流转等政策相衔接的农民培育平台,累计投入资金 428 万元,对新增土地流转项目奖补 606 万元,撬动社会资金近 4000 万元。

四是课程多样化教学。以培训机构为主体建设"固定课堂",依托实训基地建设"田地课堂",用好"云上智农"App、抖音短视频等建设"线上课堂",

开展送教下乡建设"流动课堂"。同时,建立模块化课程体系,分类型、分专业、分阶段、小班制、重实训地开展教学。

（二）围绕需求"育",提升"田间学校"培育质量

一是育好"三型人才"。按照"村镇推荐、县市择优、省级审定"原则,择优推荐省级农业经理人、现代青年农场主"领军型"人才;精准遴选经营管理、专业生产、技能服务等"实用型"人才;鼓励农业经营主体同职教中心等签订协议,探索培育"订单型"人才。目前累计培育省级农业经理人、现代青年农场主 116 人,定向培育农民 30 余人,6000 名农民免费参加各类人才培训。

二是上好"三类课程"。以贴近市场、贴近基层为原则,科学设置政策法规、经营管理、专业技能三类课程,市级层面重点围绕习近平总书记关于"三农"工作重要论述等,上好政策宣讲"第一堂课";县（区）、镇（街道）聚焦粮食种植、大棚管护、电商营销、品牌建设等内容,开设"一事一训"培训班,有效提升农民综合素质。

三是用好"四个课堂"。淮北"田间学校"集中整合政策法规、经营管理、专业技能等课程资源,统筹疫情防控和农时需要,围绕增强农民的生产管理技能和机械化信息化应用能力,开辟"固定课堂""田地课堂""线上课堂""流动课堂"四个课堂,实现线上线下、教学实践有机融合,为培育具备核心能力的高素质农民奠定基础。

（三）协同高效"管",完善"田间学校"培育制度

一是规范日常管理制度。对"田间学校"实行统一挂牌、统一编号,用好部省统编教材,每期至少聘请 1 名省级师资库成员授课。加强同教育、科技、人社、群团等部门对接,举办高素质农民创业创新大赛,试点开展农民职称评审,推动"田间学校"标准化、规范化建设。

二是严格监督考核制度。将"田间学校"建设纳入乡村振兴考核,按照

"谁承担、谁负责"原则,采取随机抽查"田间学校"教学、实训情况,以及项目资金严格验收等方式,推动市对县、县对培训机构全过程监管,培训合格率和农民满意度达95%以上。

三是延伸育后服务制度,完善教育培训、技术推广、创业支持一体化的全过程服务机制。组织农业经营主体带头人、产业发展带头人等参加安徽农交会、秸秆博览会等10场展会。266名基层农技人员包村联户、入企下田,对1336家农业经营主体、300余家县级以上示范合作社、示范农场开展育后服务,为农户提供新技术,为企业带去新思路,切实解决"学用脱节"难题。

二、工作成效

淮北市通过"田间学校"高素质农民培育模式,重点培养和强化农民的农业生产技能和职业素养。截至2023年1月,淮北市全市培育高素质农民6790人,在册农民专业合作社户1664户、家庭农场8817户,其中省级以上示范农民合作社43家,省级示范家庭农场88家。截至2022年11月底,全市村集体经济经营性总收入11711.19万元,同比增长70.41%;累计培育农村产业发展带头人295人;认定"淮优"农产品174个;主要农作物实现良种全覆盖;打造长三角绿色农产品供应基地8个;带动23万名农民"家门口"就业;共计培育"留得住""用得上"的技术能手、管理人才1069人,其中包括"全国粮食生产先进个人"刘超、"全国农村青年致富带头人"孙超等12人,有效补齐了当地农民队伍综合素质低的短板。截至2022年11月底,全市50万元以上经济强村81个,同比增长15.71%,占全市村庄总数的比例达到26.30%。

第三节　"两级两类培训结合、三段三化管理组合"培育模式

　　乡村振兴,关键在人。高素质农民是乡村振兴的希望,高素质农民培育是乡村人才振兴最基础和最艰巨的工作。面临乡村振兴的战略机遇,立足农业农村发展改革需求,烟台市农研中心(农广校)立足农业农村改革发展及产业结构调整需求,聚焦育前、育中、育后的重要节点和关键环节,分层分类按周期实施培育,探索形成了"两级两类培训结合、三段三化管理组合"高素质农民培育模式,该模式为当地乡村产业高质量发展提供了强有力的智力支撑。

一、模式背景

　　烟台市农民群体规模大,目前全市农村劳动力达到247.2万人,涉农镇街135个、村庄5900多个。农业产业门类多元、培训需求多元,粮油、果品、蔬菜、畜牧、水产五大支柱产业各不相同。农民个体差异大,组织程度散,培训对象年龄结构、知识结构差异大,接受能力参差不齐。与此同时,国家对农民培训的标准要求越来越高,对新产业、新业态、新模式的发展要求也越来越高。

二、主要做法

　　纵观"两级两类培训结合、三段三化管理组合"高素质农民培育模式,处处体现着上下联动、有机融合、注重实效的培育理念。

（一）"两级两类"是培育工作基础

（1）整合市县两级分校两个资源。发挥县级分校依托"田间学校"、实训基地贴近一线、直面学员的关键作用，聚焦一线技能培训；市级分校强化督导落实、综合提升，充分发挥上下联动、体系办学的整体优势。

（2）融合生产技能和经营管理两类培训。各县级分校根据培训任务、区域特点、农时季节，依托家庭农场、合作社、田间学校等培训体系终端，灵活开展分类型、分产业、分层次、分时段培训。截至目前，各县级分校已实现周期开办小麦田间管理、果树管理等 20 多个类型的生产技能专题培训班。在县级分校完成生产技能培训之后，市级分校完成经营管理培训环节，集中时间、地点、师资力量，重点围绕"农产品品牌建设""农产品直播电商"等课程，在经营理念和管理方式等方面进行系统提升，最终实现两类培训的有机融合。

（二）"三段三化"是培训工作的重要抓手

"三段"指育前、育中、育后三个阶段。育前调研摸底，直面区域产业特点和学员发展要求；育中配合；育后做好服务指导和帮扶延伸，持续培养高素质青年骨干农民队伍。"三化"指管理军事化、培训精准化、档案规范化。"三化"管理主要是抓紧抓实产业发展能力、内化带动农民能力等关键课程教学，同时配合分类型、分产业、分层次、分时段培训，促使青年农民引领产业发展，拉动产业聚集能力。

（1）强化育前育中育后三个阶段管理。在育前延伸上，做实做细育前需求摸底工作，市级分校专门成立摸底调研领导小组和工作小组，制定高素质农民培育摸底调研行动方案，下发烟台市高素质农民培训需求电子调查问卷。在育后延伸上，市级分校成立 3 个工作组，与县级分校一起对上一年度的全体学员进行逐一跟踪回访、服务指导，采用"面对面＋手把手""实地调查＋现场指导"的方式，及时提供指导和帮扶。

（2）实施管理军事化、培训精准化、档案规范化。探索总结形成了以管理军事化、培训精准化、档案规范化为核心的"三化"管理模式，集中把握开班仪式、授旗仪式、走访交流、结业典礼、才艺展示等五个重要节点，抓紧抓实精准遴选学员、精准设置课程、精准选聘师资、精准技能竞赛活动、精准教学方法等九个关键环节。

三、工作成效

烟台市农研中心（农广校）已连续 10 年开展高素质农民培育工作，累计培育高素质农民 19292 人，为烟台乡村振兴培育了一批高素质农民。

第四节　"三产融合＋三位一体"跟踪服务模式

实施乡村振兴战略，农民是主体，人才是关键，产业是核心。多年来，石家庄市农广校以提素质、育人才、强服务、促发展为主线，秉持学以致用、服务增效的原则，坚持"需求导向、产业主线、分层实施、全程培育"，坚持提升学员能力与延伸产业服务衔接，高质量开展农民培育服务，不断提炼出一条行之有效的"3＋3"跟踪服务模式，即"三产融合＋三位一体"跟踪服务模式。

一、主要做法

近年来，石家庄市农广校把握一产专业化、二产品牌化、三产社会化"三化同步"的培育跟踪服务方向，搭建一二三产业融合发展平台，开展基地、线上、线下"三位一体"一站式服务。坚持在一二三产业建立利益联结综合体，分类开展全产业链培训服务。

一产下沉服务,田间指导,帮扶学员拓知识、转意识。致力于产业策划和新品种引进,打造了"农广校＋央企＋家庭农场""农广校＋龙头企业＋生产基地""农广校＋乡政府＋合作社＋农户"等模式,为学员"穿针引线",培育特色主导产业。利用"四大课堂"开展田间服务,农民科学种养站位新高地。

二产延展链条,嫁接成果,帮扶学员引资源、带技术。致力于品类、品牌建设,转化先进成果,挖掘产品功能,创建区域品牌,打造农产品创品之路,企业产业化实现新发展。

三产拓宽路径,宣介产品,帮扶学员兴产业、增效益。构建多元化的一站式销售载体,利用媒体资源,开设"食惠优品"电视栏目,组织丰富社会化活动,开展网络直播等,宣传带动学员优质农产品进社区、占市场,拓宽农产品上行之路,农民增收创富打出新业绩。

二、工作成效

通过"3＋3"培育跟踪服务,打造了无延时、无缝隙、全链条式管理格局,充分发挥了农广校在现代农业发展中的重要作用。全市农广校系统平均每年嫁接项目 10 余个,培育高素质农民 2600 余人;在"夏季专场"等活动内举办培训 200 余场次,培训农民学员 20000 余人次;农广服务队田间指导 48 场次;"食惠优品"播出 160 余期,帮助农民销售农产品 10 万余斤;通过敬老节、丰收节和优质农产品展等,实现签约订单金额 1300 万元。另外,还培养出一批以李苍英、马召雨、刘和宾、齐莉莎、李智勇、单冬生、郝胜辉等为代表的高素质农民。

第五节　"三三三"贯通式培育模式

近年来,江苏农牧科技职业学院针对高素质农民培育目标定位不够精准、培育供给与需求匹配度不高、培育深度与持续性不够等问题,开展深入的研究与实践,创立了"三三三"贯通式高素质农民培育模式,培养与现代农业发展相适应的素质好、能力强、学历高的高素质农民,进而为乡村振兴提供坚实的人才保障和智力支撑。

一、主要做法

（一）创新构建"三大能力"培育目标体系

根据高素质农民的素质和能力要求,将其应具备的技术应用能力、经营管理能力和示范带动能力,按照其成长规律进行划分,形成初、中、高 3 个等级,构建培育目标体系。

（1）技术应用能力。根据技术岗位要求,着力培养农民的职业素养、生产技能和新技术应用能力,夯实高素质农民的技能基础。

（2）产业发展能力。根据农场发展要求,加强经营管理能力及双创能力的学习,大力提升农民的产业发展水平和创新创业能力。

（3）示范带动能力。根据带动农民增收致富的要求,培育农民引导技术传承、引领产业发展、带动农民致富的示范带动能力。

（二）科学构建"三阶递进"高质量培育路径

根据高素质农民的能力目标,建立学员遴选机制,打造职业技能培训、系统职业教育、精英锻造培育"三阶递进"的高素质农民培育路径。

（1）职业技能培训。构建初、中、高级职业技能培训课程体系，依托校内"固定课堂"和校外"流动课堂"，开展理论教学；遴选示范农场打造"田间课堂"，组织针对学员的实践教学、职业技能鉴定和技能比赛；组建跟踪服务团队，进行"技术巡诊"和"现场指导"，利用现代信息手段，传播农业科技知识和致富信息。

（2）系统职业教育。建立课程互接机制，将职业技能培训课程与学历教育课程互接，中职教育课程与高职教育课程互接，确保课程不重复设置，教学内容逐渐拓展加深。建立"学分银行"制度，将学员获得的培训证书、技能等级证书等进行学分认定，存入个人"学分账户"，用来换算对应学历课程的学分。实行"半农半读""农学交替"，就近就地选择具备条件的示范家庭农场、合作社开展"现代学徒制"教学、顶岗实习和创业孵化，有效解决农学矛盾。

（3）精英锻造培育。定期组织集中研习，组织学员赴省外、境外进行观摩考察，提升其运用新品种、新技术的能力。为学员定制专家团队，指导开展农场文化建设、农业风险评估等，促进学员产业发展。帮助学员组建高素质农民协会团体，提供统一购置生产资料、技术培训等服务，推动农民抱团发展。

（三）系统建立"三位一体"科学运行机制

（1）培育资源整合机制。整合技能培训课程、中高职衔接教育课程和精英拓展课程，建成培育课程库。通过内培外聘，分产业选聘"名师教授"、"行家里手"、"乡土专家"和"致富能人"，建成培育师资库。整合校内外实训基地、农业企业、家庭农场等基地资源，建成培育基地库。

（2）多方协同应用机制。校地围绕地方产业需求签订合作协议、制定培育方案、出台扶持政策，培养"下得去、留得住、用得上"的高知新农人。学校联合地方农广校组建教研组，实行双班主任制，负责师资选聘、课程安排、教材选用、考核评价,强化全程管理,提高培育针对性和培育成效。从合作企业、家庭农场聘请技术能人、创业典型等参与教学,免费为企业提供技术支持,搭建共建共享平台。

(3)培育质量保障机制。将学员在不同阶段获得的职业技能鉴定、技能大赛等证书,作为高素质农民认定和扶持的必备条件。农业部门、地方农广校、学校共同对学员的学业水平进行测试,对授课教师的教学水平和教学效果进行考评。针对高素质农民的教学组织、后勤保障等环节,制定系列管理制度,保证培育流程的规范有序,多角度、全方位对培育过程进行监管和评价。

二、工作成效

2017年以来,该学院累计培训高素质农民22.246万人,培育人数占全省总量的42.25％。72％的学员注册了农民合作社或家庭农场,初次创业成功率达81.7％。学员中当选各级人大代表,获得各级劳模、三八红旗手、乡土人才"三带"能手、先进工作者、致富带头人等荣誉称号者已达3000余人次。江苏绿之岛现代农业发展有限公司总经理夏吉萍通过学习,引进禽畜养殖无害化处理新技术,开发优质有机肥产品,发展生态循环农业,2019年实现销售额2000万元。

第八章　乡村振兴视阈下高素质农民培育的实现机制

高素质农民培育的实现机制是以目标导向机制为引领,以政府主导机制为推动,以改革创新机制和多元化发展机制为核心,以监督保障机制和环境营造机制为基础的多维度结构,具有系统性、协同性的特征,即高素质农民培育实现机制的各维度相辅相成、缺一不可。因此,高素质农民培育的实现需要从政府主导机制等 6 个维度系统、协同推进。高素质农民培育实现机制的多维度结构模型见图 8-1。

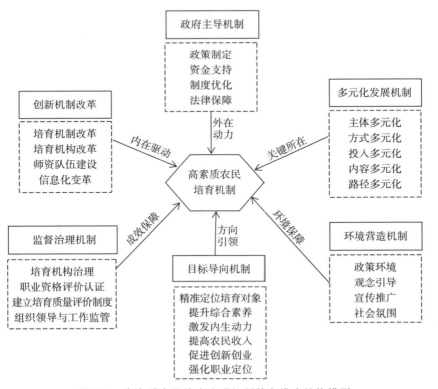

图 8-1　高素质农民培育实现机制的多维度结构模型

第一节　政府主导机制

政府主导机制是高素质农民培育实现的外在动力,在高素质农民培育过程中占据主导地位。具体来看,高素质农民培育的政府主导机制包含政策制定、资金支持、制度优化、法律保障等四个方面。

一、政策制定

高素质农民培育的历史逻辑决定了其具有系统性、长期性和复杂性的基本特征,这些特征则决定了高素质农民培育过程中政策制定的重要性。应针对高素质农民所处的各类新型农业经营主体的不同发展阶段,研究阶梯性扶持政策,明确各阶段的扶持重点。比如,在发展初级阶段,将基础设施、信贷担保、土地流转等作为扶持政策的重点方向,而在成长成熟期,政策上应着力解决农产品质量安全以及品牌建设等问题。具体来说,在扶持政策制定方面要做好以下九个方面的工作。

一是应进一步优化农业农村政策,集中优势农业生产要素并交由高素质农民管理,对高素质农民流转土地给予政策上和资金上的支持,提高高素质农民的经营规模和管理水平,对于经营好的高素质农民给予政策上的奖励,激发更多高素质农民的积极性。比如:高素质农民优先享受扶持政策;在项目编制和申报上,高素质农民申报中央、省级农业扶持项目可适当优先。根据德国的经验,应鼓励发展农业大户、家庭农场、农民专业合作社等多种形式的新型农业经营主体,允许财政项目直接投向符合条件的新型农业经营主体。

二是扶持和鼓励有志青年到农村就业创业。政府要出台政策,对于积极投身乡村振兴的新农民,给予大力奖励和宣传。要通过政策导向,吸引优秀高校毕业生和社会精英扎根农村,吸引优秀人才成为高素质农民,形成新一轮"上山下乡"的热潮,弥补长期以来农村"空心化"所出现的人才真空,为乡村振兴奠定人才基础,也为农村职业教育提供优秀培育对象。

三是设立专项补助经费。德国对职业农民的财税支农力度较大。我国可以借鉴德国的做法,尽快制定农业补贴向专业大户、家庭农场、农民专业合作社等新型农业经营主体倾斜的具体办法,稳步提高新型农业经营主体的补贴水平。在目前普惠制农业补贴制度的基础上,侧重于高素质农民专享的创业兴农、风险支持、劳动保障等综合性扶持政策,使有意愿且有能力的高素质农民真正享有更多政策支持。通过农业准入制度的执行,使高素质农民资格作为享受农业补贴等扶持政策的有效条件,使农业更具吸引力、进入有门槛、经营有收益、收入有保障、职业有尊严。

四是加快土地流转,破除农业规模化经营的制度性障碍。目前我国农村土地流转多为农户之间的自发行为,仅凭口头协议转包和出租,缺乏有效的组织和管理,这就需要政府部门尽快出台土地流转制度和土地承包经营权入股制度,通过完善流转双方的利益分配机制,规范土地使用权和放活土地经营权,避免因土地流转的短期化而影响到农业的稳定经营,从而实现土地规模利用和集约经营。此外,创新农村土地的流转机制,鼓励土地优先向高素质农民连片流转,可以在遵循自愿原则的前提下,采用土地入股、土地流转等方式促使土地向高素质农民流转,对于承包土地的高素质农民应提供一定的承包补贴,农技服务部门应当提供持续的技术支持。

五是扶持农业示范项目。制定科学标准,遴选优秀农业示范项目;对高素质农民培训的实践基地,以及承担实践任务的基地负责人和技术人员,给予必要的经费补偿和社会价值的认可,使优秀社会资源服务于农村职业教育工作;对于具体从事农村职业教育工作的组织与个人,政府要设立专项经费,给予必要补助,激励和吸引优秀人员从事这项事业,促进农村职业教育质量的整体提升。

六是要进一步调整针对高素质农民的金融信贷政策,确保高素质农民资金需求得到满足。金融机构应积极向各新型农业经营主体提供低息贷款。针对抵押担保难的问题,金融部门一方面可适当鼓励各新型农业经营主体以相关产业(如葡萄园、蔬菜园)进行产权认证后,成为有效的抵押担保物;另一方面,可厘清合作项目创新的风险,并加以有效控制,为合作创新项目提供贷款支持。

七是要进一步优化农业保险制度建设,强化农业保险补贴力度,扩大农业保险补贴范围,提高高素质农民抵御风险的能力。建立高素质农民保障体系,尽可能保障高素质农民与城镇职工享受同等社会保障待遇,从根本上长久而有效地保障高素质农民的基本权益,最大化调动农民参与高素质农民培育的积极性。

八是完善农业知识创新教育体系。一个国家农业现代化的高速发展始终离不开职业农民这个关键主体。总结荷兰推行"OVO"模式培育职业农民的发展经验可知,职业农民培育除了要推动研发工作,以及宣传新型农业科技和成果外,还应及时将各类科研成果转化为职业农民的知识储备,这才是关键。荷兰建立了农业技术研发、推广、实践"一条龙"的配套模式,是当前国际上比较前沿的发展模式。当前我国高校及各类研究机构每年的科研成果很多,但真正被实践运用及推广的科研成果则很少。[①] 因此,要结合我国农业的基本现状,完善农业知识结构功能,积极探索农业知识创新体系实践落地的配套措施,促进我国各高校及科研机构农业方面的有关研发成果的推广与实践。

九是要扶持农村职业教育的研究和创新。农村职业教育既有教育规

---

① 盛宁.荷兰农民职业教育对我国新型职业农民培育的启示[J].现代化农业,2019(8):45-46.

律,又有产业规律,但研究基础薄弱,教育模式陈旧,迫切需要出台扶持政策,设立研究专项,加大理论研究与实践创新的力度,推动农村职业教育创新发展。

二、资金支持

高素质农民培育的历史逻辑决定了其公益性的基础特征,这是农民培育工作的一个重要支点。因此,政府的资金投入也就成为高素质农民培育计划顺利开展的基础保障环节。目前,我国在财政补贴、税收等方面对农民的优惠力度相比以往大大提高,但是在农民职业教育方面的投入和支持力度还有待提升。首先,国家作为农民培育最大的受益者,要将高素质农民培育作为一项利国利民的重大战略予以高度重视,把高素质农民培育的资金纳入政府预算管理,以需求为导向建立健全长效化政府资金投入机制,确保资金投入力度与高素质农民培育需求相适应,并适当根据国家发展基本情况,酌情加大农业财政经费支出比例。而且,可以效仿荷兰政府的做法,不仅坚持长期的农业政策补贴,还可以在不同时期对农业财政经费支出结构进行适当的优化调整。当然,在保证高素质农民培育资金充足的同时,更要确保资金投入使用的规范性和合理性。与此同时,要依据财权事权对等的原则,合理确定中央与地方在高素质农民培育资金投入上的比例关系,建立健全多元化资金投入机制,积极拓宽高素质农民培育经费的来源渠道,利用政府相关政策吸引更多的社会资源参与到高素质农民培育计划中,鼓励引导涉农企业参与高素质农民培育工作,借助多元化的社会力量为高素质农民培育提供更为坚实的资金支撑与保障。此外,在保持农业财政经费稳步增长的同时,还要注重提升农民职业教育及农业科研投入经费方面的投入支出比例,把更多的经费用于培育我国高素质农民的种植和管理等技能方面。

三、制度优化

高素质农民培育工作不是一朝一夕的事情,在国家立法把高素质农民培育上升到国家法律层面的基础上,还应该在制度层面将法律原则性的规定进一步细化。2012年国家开始实施农民培育政策以来,我国虽然有一些发达国家的先进经验可以借鉴,但是由于我国国情的特殊性,不可能完全照搬其他国家的经验,因此尚面临较多难题。而且,高素质农民培育的历史逻辑决定了高素质农民培育过程必然会出现分化,不同阶段、不同区域、不同基础的高素质农民培育面临着不同的发展方向。因此,为促进高素质农民培育的良性发展,需要对现行农业农村制度,尤其是农地流转、土地承包经营等相关制度进行优化,以保障各地区高素质农民培育工作的推进与实施不受制于国家等上层制度的制约。尤其是要从国家层面,以高素质农民培育为导向,积极探索现行农业农村制度的弊端,从顶层设计上为高素质农民培育工作的推进与实施奠定良好的制度基础。

四、法律保障

高素质农民培育是一项复杂的系统性工程,这一点其历史逻辑已经证明。此外,高素质农民培育涉及政府、学校、农民、企业等多个组织与群体,因此,高素质农民培育工作的顺利开展离不开法律的保障与约束。纵观美国、德国、荷兰、日本、韩国等发达国家职业农民培育的发展历程,通过立法为职业农民培育提供法律保障是大多数发达国家的首选,从而保证了职业农民培育健康、有序发展,确保了职业农民培育所需的人力、物力和财力,建立了完善的职业农民培育体系。这也充分表明完善的法律制度和政策保障对农业和农民给予了极大的支持和扶持,有效地促进了农业和农村的高速发展,对职业农民培育起到了至关重要的作用。其中,表现最为突出的是美国,美国农业处于世界领先地位得益于健全完善的法律制度体系。美国通过健全和完善法律系统,积极立法,支持美国农业法律体系建设,从而不断优化职业农民运营体系,建立了系统性的职业农民培育体系:《莫雷尔法》(1862年)的颁布,首次将农民教育纳入教育体系,随后又颁布了《史密斯-利弗法》《史密斯-休士法》《职业教育法》《哈奇法》等法案促进农业教育,形成一个完整的农业发展体系。德国从1950年开始陆续颁布了《联邦职业教育法》《企业法》等多部法律,规定了农民职业教育的范围、技术标准、参与成员的权利与义务、考核制度、职业资格准入制度以及领导机构等,力图通过立法来保证农民职业教育的制度化、规范化以及常态化。[①] 再比如荷兰,其发达的农业离不开一系列的农业法律体系。19世纪末期,荷兰陆续颁布了《合作社法》《农业财产法》等多部关乎农民直接权益的法律。日本从明治政府时期就重视从国家立法的层面保障农业培训,从日本农民职业教育的开端——《农业教育通则》的颁布到《农业基本法》和《食品、农业、农村基本法》的颁布都印证了这一点。英国、法国的法律也对农业职业教育的范围、权利及义务、技术标准、职业资格证都进行了相关的明确规定。上述国家各项法律的制定和实施,都为其职业农民培育奠定了基础。综上所述,发达国家在职业农民培育方面能取得显著成效的普遍经验在于建立了完善的职业农民培育相关的法律法规。

当前,正值我国实行乡村振兴战略"三步走"的关键时期,在培育主体、涉农企业、农民等各利益主体尚没有自觉参与培育的觉悟时,法律的强制性将更好地促进培育工作的开展。因此,我国应当尤其重视加强农业法律法规制度建设,加快出台实用、易操作和易落地的高素质农民培育制度,使高

---

① 柳一桥.德国农业职业教育对我国新型职业农民培育的启示[J].农业经济,2018(4):64-
66.157.

素质农民培育工作切实落到实处、执行到位;必须顺应现代农业发展对高素质农民培育的需要,尽快启动立法工作,建立起高素质农民培育的法律监督和反馈体系,从而引导高素质农民培育工作走上法治化道路,提高培育效率。要加快高素质农民培育立法方面的研究与实施工作,健全高素质农民培育的法律法规和制度体系。在国家层面上,中央根据国情加快推进完善新型职业农民教育培训制度的基本框架,出台一部专门的《高素质农民培育法》,从法律层面规定国家和各级政府、涉农企业、农民、职业教育培训机构等在高素质农民培育中的职责,对高素质农民培育经费的来源与使用、培育主体的责任、涉农企业的责任和义务等方面作出规定,进一步规范高素质农民培育行为;明确规定高素质农民的入职门槛、认定考核、享受的优惠政策、后继农民的培养等方面的内容以及中央政府和地方政府的经费分担比例;准确定位高素质农民培育的终身教育性质,以保障高素质农民终身学习的权利,满足高素质农民终身学习需求,使中国的高素质农民培育工作走上法治化的道路。在地方政府层面上,各级政府可以结合地方实际,在基本框架下,建立适合地方的配套制度。中央与各级政府通过协同发力,加快推进我国高素质农民队伍建设。

同时,对高素质农民这一职业作出明确界定,将高素质农民视为单纯职业,与其身份剥离开来,使从业者对自己的职业充分认可并充满自信,充分强调高素质农民终身学习的积极性和主动性,增加这一职业的吸引力,吸引更多的高素质人才从事这一职业。

为促进农村职业教育的改革创新,还可以出台专门的《农村职业教育促进法》。《中华人民共和国农业法》等相关法律在修订时,应就办好农村职业教育、提高农民素质等增加相关法条,特别是对相关从业人员的文化水平、专业技术能力和受教育状况等作出可执行、可核查、可评估的具体规定。与此同时,高素质农民培育也需要与《中华人民共和国农民专业合作社法》《中华人民共和国土地流转法》《中华人民共和国土地继承法》等相关法律法规有机结合,为高素质农民培育工作的开展奠定良好的法律基础。还应鼓励地方政府出台具有本区域特色的、更具针对性的高素质农民培育的指导性文件或法规,对高素质农民培育的职责、经费投入以及企业、办学机构的办学行为进行更加明确和更具可操作性的规定,提高法律的执行效率。此外,建立法律监督反馈机制。通过法律明确执法主体和违法后果,不履行或者违反相关规定的个人或集体都必须承担相应的法律后果,从而增强各利益主体执法守法的自觉性。

第二节　创新机制改革

改革创新机制是高素质农民培育实现的内在驱动力,是高素质农民培育推进的动力源泉,在高素质农民培育过程中占据核心地位。具体来看,高素质农民培育的创新机制改革包含培育机制改革、培育机构改革、师资队伍建设、信息化变革等四个方面。

一、培育机制改革

高素质农民培育是一项系统工程,是乡村振兴战略的重要载体,是中国实现农业现代化的重要举措。当前,我国高素质农民培育工作得到了政府的高度重视,取得了许多可喜的成效,例如,工作中探索出许多有效的培育模式,理论上取得了丰硕的研究成果,实践中培育出许多典型的高素质农民。当前,如何借鉴已有的成功经验,将高素质农民培育工作推向一个新的台阶,达到理想的培育效果,从而建立有效的培育机制是亟待解决的问题。

科学系统的培育体系是推动高素质农民培育有序开展的有力保障。美国对职业农民开展专项技能培训和职业知识素养的培育,这便是得益于美国在全国逐步形成了农业教育、科研、推广相结合的"三位一体"的农民培育体制。日本、韩国两国完善的农民职业教育体系体现出其清晰的培育思路，两国早已形成高水平农业科研、系统化农业教育与专业化农业技术推广"三位一体"的农民教育培训体系，三者有机结合、相互作用，实现了农民职业教育设计、实施、评价、监督的系统化、程序化[①]，有效避免了各部门之间职能混乱、管理混乱、运行错乱等情况的发生。德国则长期实行"双元制"教育模式，将企业中的实践培训与职业学校里的理论学习相结合。同时，培育体系与时俱进，根据农业现代化发展中的新情况不断进行适当调整[②]。尽管我国目前也有众多的农民培育组织和机构，但是距离建成一个健全完善的培育体系还有一定的距离。

高素质农民培育的历史逻辑决定了在不同阶段、不同目标、不同对象等条件下高素质农民培育机制改革的必然性。因此，为充分调动高素质农民培育资源，提高高素质农民培育成效，首先，要厘清高素质农民培育机制改革的基本思路，以整合各类培育资源为基本导向，系统性、全过程地对高素质农民培育机制进行改革创新；其次，要制定明确的培育机制改革实施方案，以高素质农民培育管理与实施相分离为基本原则，明晰高素质农民培育的机构设置与基本职责，以更好地整合培育资源；最后，要建立健全科学合理的高素质农民培育实施体系，以"有文化、懂技术、善经营、会管理"的高素质农民培育为目标导向，从培育主体、培育内容、培育方式等多维度整合高素质农民培育的资源。

---

① 李毅,龚丁.日本和韩国农民职业教育对中国新型职业农民培育的启示[J].世界农业,
2016(10):59-64.
② 仲彦鹏,李海燕.德国农民职业教育对我国新型职业农民培育的启示[J].现代化农业
2018(7):47-48.

二、培育机构改革

培育机构是高素质农民培育的实施主体,培育机构改革是推进高素质农民培育实施的关键一环。高素质农民培育机构改革必须坚持优化、协同、高效的原则。首先,培育机构的改革要对培育机构和职能进行优化,强调通过培育机构和职能的优化,在广度上实现全覆盖,在深度上提升机构设置与职能配置的效率。其次,要强化相关培育机构之间的联动,在发挥各培训机构积极性和主动性的基础上,借助协同手段更好地发挥高素质培育机构效能与优势。最后,要强调在优化高素质农民培育机构设置和职能配置的同时,更加注重各类培育机构之间的协同,进而实现高素质农民培育机构运行的高效率、高效能。

三、师资队伍建设

师资力量对于教育而言是关键中的关键。没有良好的师资,就不可能办高水平的教育。对于高素质农民培育而言,师资队伍建设同样是关键。而且,高素质农民培育作为一种特殊性的教育,其师资队伍建设与传统的师资队伍建设相比,在师资来源、师资水平、师资经历等多维度上有着较为特殊的要求。因此,高素质农民培育的师资队伍建设必须坚持规范与提升并举的原则。一是要规范高素质农民培育师资的工作标准,明确师资应该具备的基本素质能力,为高素质农民培育提供高素质、高水平的师资力量。二是要常态化开展学术能力培训、"农民田间"教学等师资能力提升活动,从理论与实践两个维度不断提升高素质农民培育师资队伍的能力与经验,为因地制宜开展高素质农民培育奠定良好的师资基础。三是要建立高素质农民培育师资库,进一步充实培育师资队伍。充分发挥互联网在建立高素质农民培育师资库中的作用。广泛吸纳农业行业的专家学者和"田秀才",以及"土专家"和学院派,具体包括涉农院校"双师型"教师、农业科研与农技推广机构专家、农业企业家以及奋战在农业一线的种养好手、经营能手、创业强手。同时,注重借助涉农院校智力资源,发挥涉农院校在乡村振兴中的社会服务功能,推动其全方位参与高素质农民培育,包括开展农民教育培训、农技指导、经营指导和跟踪服务,打造一批既有较高信息素养又有较高专业素养的复合型师资,形成线上线下培育双向联动的良好态势。四是组建农业技术服务团队。组织体系内教师、农技专家和企业管理人员等,对接乡村,通过现场指导和"互联网＋农技服务"的形式开展包乡包村技术服务和跟踪服务,给予受训学员技术方面的现场或远程指导。

四、信息化变革

信息化时代的到来,颠覆了社会经济的传统发展路径,带动了各领域的信息化变革。对于高素质农民培育而言,信息化变革应更加注重品质、精准和能力。

高素质农民培育应顺应时代的发展,尤其在"互联网＋"新时代背景下,应当在传统教育模式的基础上,"综合采用课堂教学、实习实践、线上培训等多种培训形式"[①],借助信息化的优势将高素质农民培育的重心由知识的记忆与理解转向能力的培养与提升,科学规划高素质农民培育活动,采用以数字化视听技术、多媒体交互技术和 3D 虚拟仿真技术等为特征的现代教学方法,并依托全国农业科教云平台等在线学习平台,开展线上线下混合式教学

---

① 农业农村部办公厅.关于做好 2021 年高素质农民培育工作的通知[EB/OL].中华人民共和国农业农村部政府信息公开网.[2022-10-10].http://www.moa.gov.cn/govpublic/KJJYS/202104/t20210430_6367037.htm,2021.

和考核,提供更为优质的教育,并鼓励农民自主学习①。同时,整合高素质农民培育的数据。首先,基于高素质农民综合培育平台进行高素质农民的基本信息、生产经营信息等块数据的集聚,建立基础信息数据库,并不断扩展信息内涵和外延,进而加快农业领域要素之间的连接与重构,以便进行更加精准的能力培训和服务导入。其次,开展基础数据建模。运用块数据、区块链技术,将每个高素质农民作为一个数据节点,整合高素质农民个体块数据,进行区域数据的建模,用于农业主体的分析,为区域产业发展、公共服务、社会治理提供更大范围的数据价值系统。最后,促进数据双向互动。在全国范围内构建起高素质农民数据流和能量流转换模型体系。一方面,政策、资金、项目、市场等资源由国家、省、市、县、乡(镇)、村逐级向下传递,最终由基层生产经营主体承接和受益。另一方面,利用上述资源下行回流的反馈数据,就可以建立高素质农民生产经营信息数据库,用于系统分析农民主体的真正刚需,以便更有针对性地提供培训资源,组织培训活动,引导政策项目资金实现与基层一线农业生产经营主体需求的紧密对接,为政府和社会化服务资源提供更为精准和有效的数据支持。

第三节　多元化发展机制

多元化发展机制是实现高素质农民培育机制的关键所在,在高素质农民培育过程中占据关键地位,能够确保高素质农民培育因地制宜地发展与推进。根据不同的需求,高素质农民培育的多元化发展机制可以从主体多元化、方式多元化、投入多元化、内容多元化、路径多元化等五个方面进行

---

① 孙在福,王瑞峰.多维度结构视角下高素质农民培育的实现机制[J].中国成人教育,2022(16):72-80.

分析。

一、主体多元化

高素质农民培育本质上是一项长期性、复杂性、系统性的工作,仅仅依靠相关部门的"单打独斗",难以满足乡村振兴人才支撑要求。

从发达国家的培育经验可知,农民培育呈现出办学主体多元化的趋势。农民培训主体包括农业院校、各类培训机构、农业协会、农村经济合作组织、农业技术推广站、农业远程教育机构等。比如,韩国主要由农业院校、农民协会和农村振兴厅来承担农民培训工作,以农村振兴厅和农民协会为主,其中,农村振兴厅在韩国农民培训中发挥了巨大的作用,它通过远程教育将农民培训和技术推广合为一体。日本的农民培训主体主要有各级农业院校、各级农业培训中心、农民协会等。法国为了充分调动社会力量参与办学,由地方政府负责设施设备和培训所需的基本费用,农业部负责下拨培训教师工资。因此,必须积极调动各类社会力量参与到高素质农民培育工作中来,构建各类资源在机构间和区域间协调对接、共建共享、优势互补、高效协作的高素质农民培育体系,创新培育权制,有效联结妇联、共青团、科协等组织,整合各部门、机构的信息、技术等资源,形成政府主导、多方参与的"一盘棋"格局,并通过进一步的合理规划、统一协调,形成高效多元的合作机制[①],以主体多元化发展机制保障高素质农民培育全覆盖。除了利用原有培训体系中如农广校、涉农院校、农业科研院所、农技推广机构等的培训资源外,还应将农业园区、农业企业引入市场竞争机制,建立高素质农民实习实训基地和创业孵化基地,发挥农业园区、农业企业在产前、产中、产后整个产业链的

---

① 李霞微.乡村振兴背景下新型职业农民教育培训质量提升策略[J].中国成人教育,2021(6):78-80.

优势,打造共商、共建、共享的乡村人才联合培养平台,构建起以政府农业行政部门与其他农业相关组织协调的主客体共同作用体系,形成"四区联动"。这是构建高素质农民培育体系的重要内涵和根本要求①。

具体来说,"四区"指地区、社区、园区和校区。

首先,不同地区有不同的地理环境、社会经济发展战略、产业结构布局等,当地政府应认真贯彻落实《中国共产党农村工作条例》,加强党对农民培育工作的全面领导,把农民培育纳入地方"三农"工作和乡村振兴重要议程。通过立足本地的发展实际和发展战略,加强顶层设计,对本地区高素质农民培育进行统筹规划、综合协调和指导服务,正确理解并释放政策利好。政府还应充分考虑本地区农业产业特色和教育资源,整合当地院校、行业协会、农业产业园等培训力量,以项目或任务的形式对各级各类教育培训资源进行统一部署和安排,从而形成合力,从宏观上保证高素质农民培育工作统一、有序开展。另外,对于当地高素质农民培育中存在的问题,政府应及时研究解决办法并探索完善培训机制,调动培训主体的积极性,使他们"拧成一股绳",共同参与农民培育工作,促进当地经济社会发展。

其次,园区是指农业产业园区。农业产业园区常常汇聚当地的优势特色产业集群,反映当地主要农业产业的特色,它们的发展水平常常体现当地的农业经济水平。农业产业园区是高素质农民劳动力的最大需求者,也是农民技能培训的最大受益者,因此,农业产业园区应责无旁贷地为本地区高素质农民培育提供服务。一方面,农业产业园区应根据产业变化,预测对各类型、各层次高素质农民的需求情况,并将该信息及时反馈给校区和社区。校区和社区依据园区用人需求状况调整专业布局和课程设置,使人才培养和产业发展需要相对接,提升产业链发展质量效益和竞争力,推动农业产业

---

① 张桃林.构建新格局 开创新局面 推动农民教育培训持续高质量发展[J].农村工作通讯,2020(24):4-7.

融合发展。另一方面,农业产业园区的农业企业、家庭农场、龙头企业等是进行高素质农民培育的最好课堂。通过现场教学,使农民了解学习该企业的生产技术、管理模式、营销组织、市场前景、资金管理等,实现了将农民培育建立在产业链上,有利于接受培训的农民学以致用,精准提升技能,还有利于他们发挥示范带动作用,增强学员抱团创业的激情和动力。

再次,在城乡融合发展的背景下,社区是联系政府、院校、行业、企业的纽带。社区教育是提高居民素质,促进社区居民就业、创业,激发社区经济活力的重要方式。社区可以牵头组织田间学校,依据农业产业园区人才需求标准,同政府、校区和园区及时沟通,共同制定或调整人才培养方案、设置专业课程、共建共享高水平专业化产教融合实训基地,将高素质农民培育建立在产业链上,使农民培育契合产业对人才的需求。这既能满足农民在家门口就能接受培育的需求,也让农民有更多实践的机会,真正做到在干中学、在学中干。在学制上可以根据生产作出调整,课堂教学避开农忙时节,做到学习生产不脱节、不干扰。[①] 社区通过组织"田间学校",不仅能够协助政府提高农民素质,而且能够提高社区农民的收入,还可以为农业产业园区培养各级、各类、各层次的劳动者,从而实现多方共赢。

最后,校区不仅是高素质农民培育的重要力量,而且是对农民进行学历教育的主要力量。国家鼓励农民报考职业院校,支持农民提升学历层次。各地的职业院校应根据当地产业布局规划、农业产业园区结构调整和社区人才需求,及时调整人才培养模式和深化学科建设。通过加强与当地政府、园区和社区的沟通,共同制定院校的专业建设方案,使专业设置与产业发展相适应,尤其要重点开发当地拟重点发展的特色优势农业相关的课程,培养适应产业和地区发展的"有文化、懂技术、善经营、会管理"的高素质农民。高职院校还应根据农民生产、生活和经济状况的现实需要,通过和政府、企

---

① 张晓玥.云南省高素质农民培育工作优化研究[D].昆明:云南师范大学,2021.

业、社区协调,改革招生模式,推行弹性学制管理模式,构建有多方保障的服务管理制度,等等,吸引更多的农民参与学历教育。除了职业院校,当地农广校的正规化办学对于提升学员的农业技能和保障培育工作的专业性、科学性发展也具有重要意义[①]。院校应进一步发挥培养高素质农民的优势,积极主动将优质教育资源向社区、产业园区开放,为当地农民、返乡农民工和愿意从事农业服务的市民等提供技术技能培训和创业就业指导。

在"四区联动"中,地区、社区、校区和园区通过优势资源共建共享,实现了"到乡村办教育,在产业链上搞培训,在田间地头学技术"的新模式,最大限度地提高了高素质农民培育的前瞻性、针对性和精准性。为了充分发挥高素质农民培育主体多元化发展机制的成效,一方面,要在广泛吸引社会力量参与的同时,明确不同主体的责任与分工,以高素质农民培育的目标为导向,开展高素质农民培育工作;另一方面,政府要赋予高素质农民培育主体更多的自主权,充分发挥各培育主体的能动性与创造力,积极扩大我国高素质农民培育实施的覆盖面,提升高素质农民培育的质量与效果[②]。

二、方式多元化

农业农村部办公厅在《关于做好 2021 年高素质农民培育工作的通知》中指出,要根据培育对象的多样性、培训内容的丰富性制定多样化、差异化的培训方案,避免培训方式的"整齐划一"。

首先,依托农村创业创新园区、产业孵化基地、国家现代农业示范区、科技小院、农业企业、家庭农场和农民合作社等平台和基地设立实训基地,培养好农民讲师,开展现场培训,大幅提高实习实践在培训中的比重,尤其是

---

① 赵雨,康红芹.新型职业农民培育路径探析:基于女性视角的个案研究[J].职教论坛,2020(2):108-114.
② 王佩,商雪玮.构建高素质农民技能培训机制研究[J].菏泽学院学报,2022,44(1):52-57.

生产技术培训要以实训为主,进而强化培育体系"以实训为主"的功能。

其次,在后疫情时代,除采用传统的集中面授及现场实训方式外,还可以采取线上与线下相结合的培训方式,借助农业科教云平台、视频会议客户端、知识服务 App、VR 虚拟场景技术等网络资源,或者结合快手、抖音等短视频平台,采用更多、更灵活的方式在高素质农民培育方面探索,使农民随时随地可以接受农业新知识、新技术、新政策,拓宽教育培训的方式和渠道,激发农民自主学习的热情。

再次,我国地理特征明显,地形复杂多样,气候类型因经纬度和地形差异也呈现出多样化的特点。不同的地形及气候特点决定了我国的农作物种植因地而异、因时而变。在实际的教育培训过程中,应依据不同地区不同农作物的种植特点开展农民培育工作。第一,可依据农业生产季节合理设置培训时长,结合农时分段开展培训;第二,农忙时节集中开展"田间课堂"和"流动课堂"教学,面对面、手把手教授农民种植之法、养殖经验,鼓励农民在田间地头展开"实战演练";第三,在农闲时节强化理论知识学习,借助培训基地进行实训,做到农忙、农闲两不误。

最后,如果农民在不同阶段的学习成果能够互认互通,将他们参加短期培训、技能培训的学时计算在学历教育中,就能降低他们参加学历教育的时间成本和经济成本,激发他们进一步参与培训的积极性。所以,应尽快健全相互衔接的高素质农民培育体系,贯通各层次培育的"立交桥"。

三、投入多元化

我国高素质农民培育的地区差异充分说明教育培训经费的多少是影响高素质农民培育工作好坏的重要因素。因此,我们应该建立长效的高素质农民培育的投资机制,确保高素质农民培育工作有效、有序地开展。然而,高素质农民培育作为一项庞大的、系统性的工程,其在实施过程中需要耗费大量的人、财、物等资源,而这些资源仅仅靠政府投入并不现实。为了夯实高素质农民培育的投入支撑,必须创新高素质农民培育的多元化投入机制。

首先,地方政府要把高素质农民培育工作纳入本地区年度经济发展规划,制定高素质农民培育规划,建立目标责任机制,根据培育人数来预算培育资金,增加高素质农民培育在人力、物力和财力上的投入,将高素质农民培育的生均经费、资格认证、考核、证书发放等作为政府部门年终考核目标。

其次,建立高素质农民培育的职业教育投资机制,拓宽经费来源,建立多元和长效的投资体系。要充分借鉴德国的"双元制"教育制度,在坚持政府引导地位的同时,通过顶层设计,因地制宜引导企业、组织、个体等各类社会资源积极参与高素质农民培育计划,即对于农民教育中的经费来源,除了政府的资金投入外,也可采取有效措施激励社会、企业、个人等投入农业教育事业,鼓励涉农企业、民间组织、金融机构、农村合作经济组织、个人等共同投资高素质农民培育工作,借助多元化的社会力量为高素质农民培育提供更为坚实的资金支撑与保障,推进高素质农民培育投入的广泛覆盖,为农民教育事业的资金保障贡献力量。

再次,加大对高素质农民培育的专项投入,做到专款专用,用于改善高素质农民培育的场所、设备、师资队伍建设、受训农民补贴等,提高高素质农民培育的质量和综合素质。

最后,要确保投入资源的规范使用,高标准、严要求地把好高素质农民培育所需资源的统筹关,充分发挥资源的使用及配置效率。

四、内容多元化

"有文化、懂技术、善经营、会管理"的高素质农民培育目标决定了高素质农民培育的内容至少要体现在文化、技术、经营、管理四个方面。因此,为实现高素质农民培育的目标,必须建立健全高素质农民培育的内容多元化机制,以高素质农民培育目标为导向,不断拓展高素质农民培育内容的广度,扩大其覆盖面,深化其精度,从而提升高素质农民培育的质量与效果。对于高素质农民培育,在培育内容的选择上应注意以下三个要点。

一是高素质农民培育要适应农业科技进步新要求。近年来,我国农作物和畜禽品种更新不断提速,农业设施装备和技术水平不断提升,信息技术在农业各领域全链条加快应用。从看天吃饭到知天而作,随着农业科技水平的不断提高,农业生产方式发生深刻变革,正引领农业发展方式加快转变。因此,农民培育必须跟上步伐,与之适应。当前,高素质农民培育内容不够全面,在一定程度上影响了培育的最终效果。因此,要结合"一村一品"、生产实际、人才需求和农民综合素质与能力水平来制定培训方案。授课内容需充分考虑农民的知识水平和接受程度,结合区域特点,合理安排培训内容,聘请专业院校讲师和具有多年基层工作经验的技术人员进行授课。并积极采取"走出去"的实践教学方式,充分利用大户引领和先进地区现代农业发展的典型经验,让农民从身边人、身边事中受到启发,开阔视野,更新理念。同时,要注重加强农业机械技术、农作物新技术、自然灾害治理等农业生产技术的培训,加强经营能力和创业能力的培训,提高农民的职业技能,并加强信息技术培训,让农民学会运用网络搜集资料和信息,学会用互联网了解农业生产经营市场,能够自觉接受远程授课。

二是高素质农民培育要适应现代农业生产组织方式的变革。当前,随着农业适度规模经营的快速发展,新型农业经营主体和社会化服务组织不断涌现,不仅主体类型多样,而且产业多元。因此,要结合不同生产组织方式的要求,培养高素质新型农业经营服务主体带头人,带动小农户与现代农业有机衔接,激励农民将单一的农业工作模式转变为融合发展的生产模式,使农民转变为主要经营者,为促进农村地区农业现代化发展奠定良好的基础。

三是高素质农民培育要适应新产业新业态。随着现代生产要素与传统农业结合,农业功能日趋多元,大量新产业、新业态加快形成,并呈现出三个显著特点:一是产业领域更宽,现代种养业、休闲农业、乡村旅游、农村电商等蓬勃发展,农村一二三产业加快融合;二是平台需求更旺,大量创业项目需要平台孵化,现代农业产业园、示范园、科技园都可以成为培训、孵化和实习基地;三是人才综合素质更高,掌握现代信息技术手段成为必备技能,既懂田间地头、又懂市场码头的人才成为主要需求。这些变化要求农民培育要拓宽覆盖面,加强孵化引领,聚焦复合型人才培养。因此,高素质农民培育方案要结合"一村一品"、生产实际、人才需求和农民综合素质与能力水平来进行制定,并结合区域特点,充分考虑农民的知识水平和接受程度,合理安排授课内容。此外,还要把品牌创建、经营管理、融资担保、职业道德素养、团队合作、科学发展、生态保护、创新创业等内容也列入培训内容,整体提升农民的从业素养以及抵御市场风险等能力。

根据乡村振兴的内涵和理念,高素质农民培育的内容具体应包括以下四个方面。

一是志智双扶。通过以"志"促"智",以"智"提"志",激发农民内生发展动力和学习潜力。通过给思想"充电",给精神"加油",给行动"补钙",引导广大农民摒弃"等靠要",提倡"主动造",进而满足其文化需求,增强其精神力量的统一[1],让农民配上"知识导航仪","让他们的心热起来、积极行动起来"[2]。各培训机构在开展培训前,首先,要深入农户,对本地区的产业结构、主导产业、农民种养殖过程中遇到的技术难题等进行全面、细致的调研,分类汇总调研结果,了解当前本地区农民的真实需求,明确农民急需解决的共性问题和个性问题。在此基础上,根据农民的实际需求和共性问题制定培训方案,安排培训内容,选择培训方法。其次,根据培训内容配备培训师资。

[1] 中华人民共和国国民经济和社会发展第十四个五年规划和2035年远景目标纲要[M].北京:人民出版社,2021.
[2] 中共中央党史和文献研究院.习近平扶贫论述摘编[M].北京:中央文献出版社,2018.

如韩国采用的"学券"制度,由农民根据自身需要来选择课程,使用培训券来支付培训费用。农民种植、养殖的种类繁多,故在师资的选择上既要考虑普遍性也要考虑多样性,可与农业院校、农林局、农服站、农机站、畜牧业、技术推广部等相关单位协调合作,组建既有理论教学能力又有实践指导能力的农民培育讲师团,以满足农民的个性化需求。最后,一方面,开展现场培训,把培训班设在真正需要技术的农民集中村,为农民普及种养殖所需的先进技术,并结合现场培训和田间咨询,让农民能在家门口就近参与培训,把惠农政策与信息、农业生产知识与技术带给每一位农民,提升农民发现问题、分析问题和解决问题的能力;另一方面,利用网络、电视、报刊等手段,通过通俗、形象、易懂、可操作的方式向农民传达培育内容,农民可以根据自身情况,随时随地学习农业生产技术,从而做到学习技术和农业生产两不误,满足农民多样化的需求。

二是实训为主。"大幅提高实习实践在培训中的比重,生产技术培训以实训为主。统筹推进新型农业经营和服务主体能力提升、种养能手技能培训。"[1]通过第九章对发达国家职业农民培育实践模式的分析可知,发达国家非常注重理论性与实践性的协调统一,以应用实践为主,理论讲授为辅。我国农民培育虽然也考虑到要将实践应用与理论教学有机结合起来,但与发达国家相比仍然有较大的差距,这是中国必须进行调整和改进的地方。另外,国外的实践经验模式丰富多彩,并且契合地方政府的工作实际,契合培育农民的实际需求,而我国的高素质农民培育实践模式虽然比较多,但是模式基本上大同小异,没有形成具有国际影响力的有效模式。因此,我国应创新探索适合中国国情、契合地方实际、体现农民需求的和科学有效的培育实践模式,可以积极借鉴荷兰的"OVO"模式来培育职业农民,推动新型农业科

---

① 农业农村部办公厅关于做好 2021 年高素质农民培育工作的通知[EB/OL].[2022-10-13].http://www.gov.cn/zhengce/zhengceku/2021/04/30/content_5604177.htm.

技和成果的研发宣传,及时将各类科研成果转化成为职业农民的知识储备,积极引导农民学会使用机械化、现代化、智能化的农业生产工具,掌握科学、先进的农业生产经营方式和专业技能方法,用好"技术指南针",提升"实战"能力。也可以学习德国的"双元制"教育模式,即采用互通式教育方法,强调农民学员理论学习和农场生产实践相结合,农民学员须与农场签署劳动合同,由农场工人领导学员按课程计划进行劳动,如实记录学员参与情况。必要时,还可以采用分段式实践教学①,例如英国实行"一年学院全日制+一年农场实践+一年学院全日制"的分段式教学,强调实践教学②。

三是法治教育。通过营造法律知识学习氛围,提炼关乎农民切身利益的法治内容,选取农民易于接受的法治教育方式,提供公益性法律咨询与援助服务等措施,培养农民的法律观念,提高农民的法治素养,提升权利主张和权益保障意识,这既有助于激发农民维护权益和保证可持续性生产的内生动力,也有利于乡村社会的和谐稳定发展。

四是人文素养。通过人文素养的培育,重视农民和农村的精神文明建设。"加强社会主义核心价值观、传统乡土文化等培训,推动形成文明乡风、良好家风、淳朴民风。"③这对于农业农村的绿色可持续发展和生态文明建设,以及农民正确人生观、价值观的树立,都具有重要意义。

总之,在培训中,应尽量立足于他们既有的经验,考虑他们的顾虑,根据他们的需求来选择培训内容,对不同类型的农民应分区域、分产业开展灵活多样的培训,选择有层次、有针对性的培训内容,提高培训的针对性和精准性,使他们"听得懂、学得会、用得上、见实惠",促使农民培育从临时型、短期

---

① 张文君.国外职业农民培育对我国的启示[N].农民日报,2016-05-17.

② 盛宁.荷兰农民职业教育对我国新型职业农民培育的启示[J].现代化农业,2019(8):45-46.

③ 农业农村部办公厅关于做好 2021 年高素质农民培育工作的通知[EB/OL].[2022-10-13].http://www.gov.cn/zhengce/zhengceku/2021/04/30/content_5604177.htm.

型、技能型和就业型向规范型、终身型、职业型和创业型转变。对于重点培育对象,应依托政府有关部门,通过院校培育、远程教育或创业扶持等形式,以道德规范、创业能力和职业素养为主要内容,将其培养为新型创业型和经营型的高素质农民。对生产经营型和技术服务型高素质农民,应依托农业园区、推广机构或科技项目,通过半市场化形式,以农业科技、职业技能和经营管理能力为主要内容,培养科技型、推广型和服务型的高素质农民。对于种养能手,应依托农民合作组织、协会、农业企业,以农业标准化生产、农产品流通、经营管理技能为主要内容,培训适应农业产业化和企业发展的实干型人才,达到"培养一个,吸引一片"的效果,从而使更多的农民自觉投入教育培训,使高素质农民培育工作走上良性发展轨道。

五、路径多元化

(一)社群思维下的路径选择——现代合作型农业

当前,各级政府都十分重视新型农业经营主体的培育工作,持续鼓励新型农业经营主体发展,不断壮大队伍。于是,家庭农场、生产经营大户、农民专业合作社等主体不断涌现,呈现出良好的发展势头。在此基础上,引导鼓励新型农业经营主体联营联合,建立合作社联合社、家庭农场联盟等更高层次的组织架构,通过公益性与经营性相结合的方式,采取社群培训模式,提升学习认知水平,主动进入市场、主导市场、发展市场,进而促进农业农村经济全链条优化组合,形成更加符合市场需求的产业链、价值链和利益链的闭环。

(二)生态思维下的路径选择——现代智慧型农业

农业本身是一个典型的有机生态体系。深度推进生态农业和农业生态保护,构建现代农业生产体系、产业体系、经营体系,首先,要维护好农业这个有机的大生态。然后,要将这个理念付诸实施,要用现代科技来武装在农业领域精耕细作的高素质农民。例如,要推广智慧农业,则需要一批具有现代农业意识、文化素质较高的优秀农业从业者将无人机、遥感、智能识别等一系列现代信息技术植入农业生产各环节,利月遥感技术和信息控制技术,详细记录每一平方米甚至每一株作物生长发育情况和病虫害发生情况,根据这些大数据,精准施肥、撒药,不仅可以促进智慧农业的深度应用,还能使这些区域成为区域智慧农业的样板标杆,带动更多的农民来学习和参与,逐步扩大影响面。

(三)共享思维下的路径选择——现代开放型农业

共享思维作为一种农业思维,较社群思维、生态思维更加开放,能引导新型农业经营主体走出生产闭环,走向更加广阔的市场。从农业生产经营环节来看,伴随农业内部分工的加速,农业社会化服务体系蓬勃发展。在培育新型农业经营主体的过程中,农业社会化服务组织吸纳了大量农业方面的优秀人才,发展潜力巨大。高素质农民摒弃了传统农户的经营思维模式,秉承"不为我有、但为我用"的新的共享思维,通过参与和发展社会化服务来提升农业各个环节的服务水平和服务能力,通过完善产前、产中、产后和再生产一系列社会化服务来加速农业现代化进程。

第四节　监督治理机制

监督治理机制是高素质农民培育机制实现的成效保障,为高素质农民培育目标的达成保驾护航。具体来看,高素质农民培育的监督治理机制包含培育机构治理、职业资格评价认证、建立培育质量评价制度、组织领导与工作监管等四个方面。

一、培育机构治理

高素质农民培育机构是高素质农民培育工作的实施主体,而高素质农民培育机构治理则是保证高素质农民培育成效的重要手段。鉴于高素质农民培育机构存在多元化的趋势,如何科学合理地规范这些机构就成为高素质农民机构治理的关键所在。首先,要严把高素质农民培育机构的"准入关",建立健全高素质农民培育机构的审批制度,从源头上规范高素质农民培育机构。其次,要严把高素质农民培育机构实施培育工作的"过程关",建立健全高素质农民培育机构的监督制度,加强对高素质农民培育工作的指导与监督,用系统论思维整合高素质农民培育的教育资源、财务资源和环境资源,充分发挥各培育主体的优势,提高培育的管理水平,从过程上从严监管高素质农民培育机构的运转。再次,制定并落实相应的高素质农民培育规划,推进高素质农民培育工作的激励机制,对社会声誉好、办学规范的培训机构,政府可提供优惠政策给予扶持。对于经过培训取得证书的学员,可以优先获得新技术、小额信用贷款和技术服务等。最后,要严把高素质农民培育机构实施培育工作的"市场关",建立健全高素质农民培育机构的市场化机制,运用市场手段规范高素质农民培育的市场秩序。

二、职业资格评价认证

职业资格评价认证是高素质农民培育工作的基本前提,建立健全高素质农民从业资格和执业资格认定制度不仅是对高素质农民职业资格的认可,更是对其从事农业职业行为的基本要求。完善的农民职业资格评价认证制度是美国、日本、韩国、德国、荷兰等发达国家农民职业教育与农民培训体系稳定运行的重要保证。例如,美国已建立起职业资格证书体系,职业农民取得农业职业资格证书才能进行农业经营活动,其资质等级直接影响农业经营效益。而且,美国农业部门还制定了完善的农场主等级认证制度,农业职业培训中对农场主的培训,不仅要求其获得一定的职业等级资格证书,还要求其所经营的农场也必须达到一定的农业绿色资格标准。在其他农民的培育上也不仅是采用单一的评价标准,都必须辅之以其他的必要条件。日本与韩国主要实行的是生态农户认定制度和农业者认定制度,与美国的农民职业培育的认定大同小异,主要采用多种认定标准进行认定,强化高素质农民的认定资格。此外,德国、英国等发达国家的农民培训有着完善的评价认证机制。总体上来说,美国、日本、韩国、德国、荷兰等发达国家的农民培训针对不同的职业类型,采取分类认证方式进行科学的认证评估,保障了农民培育评价认证的质量。

当前,现代农业的生产经营要求农业从业者资金雄厚、技术能力强、具有社会责任感,能够带动农户发展标准化、规模化、专业化、集约化生产。这就要求农业从业者必须具备相应的专业能力,确保宝贵的农业资源能被高素质农民经营与管理。此外,为了鼓励和支持有知识、有文化、有能力的年轻农民留在乡村、返回乡村,从事农业生产和经营管理,高素质农民职业资格评价认证制度也会是一个有益的尝试,能为激发乡土人才职业荣誉感,进一步挖掘与保留农村各类人才,吸引更多人才返乡发展,壮大乡村振兴人才队伍提供更加坚实的基础,创造更加有利的条件。因此,我国应该尽快探索建立高素质农民职业资格评价认证制度,规范职业农民从业资质要求,规定只有取得高素质农民职业资格证书才能够进行合法的农业经营活动以及农业工作。同时,探索不同类型的高素质农民在科学文化素质、专业技能和教育培训等方面的差异化认定标准,制定针对性的扶持政策,建立合理的风险防范机制和利益激励机制。实施高素质农民职业资格评定,既能提高社会对农民职业的认识,不再轻视农民这一职业,同时又能提高农业这一行业的进入门槛,促进农民素质的提升,吸引更多的高素质农民从事现代农业,提质增效,为新型农业经营体系和农业现代化建设提供人力资源基础,更加有效地提高农业从业者的整体职业素养和专业技能水平,同时,也能帮助已拥有高农业职业素养的职业农民进行资源科学化分配利用,大幅提高农业资源的利用效率。

然而,根据农业农村部发布的农业行业特有职业(工种),目前中国 163 个农业行业特有工种中,实行就业准入制的工种只有农作物种子繁育员、农作物植保员、动物疫病防治员、水生动物饲养工、农机修理工等 4 个工种,许多从业人员的相关技能没有达到要求。因此,可以借鉴其他国家经验,如德国严格执行农业准入资格制度,规定从事农业的人员必须完成一定的农业职业教育,一般两年以上,取得相应的资格证书,才有资格当职业农民。我国也可以试着在教育部或者农业农村部下设立专门机构,依据各地农业发展的要求,负责各类证书的设置、考核、颁发与监督工作,进一步建立和完善职业农民职业技能鉴定和职业资格准入制度,制定出既统一又多元的评价认定模式。统一是指国家层面制定出统一的认定和管理标准,使农民的认定和管理有据可查,更加透明开放。多元是指针对不同人群、不同培训模式、不同培养方向采用不同的评价方式,比如在对文化水平低、经验丰富的传统农民和文化知识丰富但实践经验欠缺的青年农民进行评价与认定的过程中就应该体现出差异,并且对于已经认定为高素质农民的劳动者,也要采取动态评价的方式,不断更新评价,及时了解农民的实际需求,从而使越来越多的农民成长为高素质农民。

为了有效推进高素质农民的职业资格认定工作,在探索高素质农民职业资格评价认证制度工作中,应根据我国农业产业结构和就业结构特点,做好农业职业分类的规划;要由政府部门牵头建立科学的国家农业职业分类标准体系,并完善高素质农民职业资格认定的相关标准、流程、操作规范;鼓励各地区因地制宜,根据客观情况完善农民职业资格认定标准、建立职业资格等级制度,量身定制符合区域特点、产业特色、发展特征的评审细则、评审流程和评审方法,建立科学的农民职业资格证评价指标体系等;完善相关职业资格认证程序的制度建设,使高素质农民评价标准更加科学,并以此为依据制定职业技能鉴定的工作方案,然后由具有中立性或者独立性的农民职业资格认定机构进行客观的认定。尝试专家评审、理论考试、实践操作、现场观摩、实绩考核、群众打分等多种模式,实现定性与定量评审的有机融合。真正将能够解决实际问题、带动产业发展、创新乡村治理、促进增收致富的"农把式""土专家""田秀才""乡创客"评审出来,让获得职称的农民成为生产的能手、致富的能人、文明的火种,并建立获得职业资格的高素质农民的信息档案。同时,将获得高职业资格认定的农民纳入"七个优先"的政策支持,以进一步拓宽农业从业者实现自我价值的途径,激励他们充分发挥自身技术优势和管理能力,带领广大农民共同致富、振兴乡村。与此同时,要多维度强化高素质农民职业资格的社会关注度、认可度,稳步提升拥有高素质农民职业资格的从业人员的收益,以充分调动社会各类人员参与高素质农民职业资格认定的积极性和主动性。

三、建立培育质量评价制度

为了保证农民培训的质量,就必须建立健全科学、有效的高素质农民培育质量的评价制度,以保障高素质农民培育的持续良性推进。这不仅是高素质农民培育不可缺少的基础工作,是提升资源配置效率、保证工作成效最为有效的手段,还是防止高素质农民培育市场混乱现象出现的重要措施,是促进高素质农民培育良性发展的必然要求。考虑到高素质农民培育的历史逻辑,在建立高素质农民培育质量评价制度时应明确以下两方面的要求:一方面,要建立健全高素质农民培育的分类评价体系。高素质农民培育的多元化特征决定了高素质农民培育体系建设不可能搞"一刀切",要因地制宜、分门别类地制定差异化的高素质农民培育质量评价体系。指标体系要科学客观,具有可操作性,既要重视对培训结果和培训过程的评价,又要按照评价指标体系客观评判,并结合农民满意度的外部评价来综合衡量培训的成效。另一方面,要建立健全高素质农民培育评价体系的动态化调整机制,要定期评估高素质农民培育质量评价体系的有效性,动态优化高素质农民培育质量评价的相关内容、流程等,以保证高素质农民培育质量评价体系能够真正发挥持续良性优化和推进高素质农民培育的积极作用。

四、组织领导与工作监管

高素质农民培育的落实着重看县、乡两级政府,因此,加强各地政府的组织保障体系建设是确保高素质农民培育工作有效开展的关键。首先,要建立高素质农民培育工作领导小组,由各级政府主要领导担任组长、负总责,与农民培训有关的农业农村部、教育部、人社部、财政部等相关部门共同参与,下设专门的办公室,负责组织、协调与指导农民培育工作。其次,要把高素质农民培育工作列为对地方政府一把手政绩考核的重要内容,并加大地方政府领导考核中农民培训指标的权重。再次,要把高素质农民培育工作作为社会经济发展规划的重要内容,并把它作为衡量地方经济发展的一项重要指标。最后,要实行高素质农民培育工作年报制度,让全社会来共同监督各地政府的高素质农民培育工作,并建立高素质农民培育工作责任追究制度,以确保农民教育培训工作顺利开展。

此外,要落实、落细《高素质农民培训规范(试行)》各项工作要求,各地政府相关职能部门要加强对培育全过程的监管。健全完善绩效管理,依托农民科技教育培训中心开展绩效评价。各省份做好辖区内项目监管和绩效评价工作,建立绩效评价结果与预算资金挂钩机制,做好培育计划资金分配,提高资金使用效益。而且,还要加强对高素质农民培育机构和培育教师队伍的监督。一是对职业农民培育机构的资格、培育内容、培育方式、培育模式、组织管理等进行审查和监督,确保职业农民能够在正规合法的机构中接受培育。二是健全职业农民教师培训、考核、评价、奖励制度,建立教师综合培训系统,不断提高教师的职业素质、专业知识和实践能力。三是建立信息反馈系统,对受训学生进行调查与访谈,对培训效果进行考量。四是建立职业农民注册登记制度,建立一套有关职业农民的信息数据库,并加强对持证农民的认证、考核、发放、更新等工作的监督[①]。五是建立高素质农民培育跟踪服务机制。以高素质农民为中心,以满足学员的需求为出发点和归宿,对每位认定的高素质农民做好跟踪服务计划,为其建立个性化档案,详细记录其需求与发展历程,并做到技术服务人员或者科技特派员与高素质农民实现无缝对接,帮助其解决生产过程中遇到的各种实际问题。

第五节　环境营造机制

环境营造机制是高素质农民培育机制实现的外在环境保障,为高素质农民培育的顺利实施奠定环境基础,在高素质农民培育过程中占据基础地位。具体来看,高素质农民培育的环境营造机制包含政策环境、观念引导、宣传推广、社会氛围等四个方面。

一、政策环境

政府在推进高素质农民培育过程中可以采取政策、资金、服务等多种手段,但能够起决定性作用且能长期起作用的还是政策。因此,营造良好的政策环境,无疑能够为推进高素质农民培育提供最为有效的保障。对于高素

---

① 韩娜.我国新型职业农民培育问题研究[D].大连:大连海事大学,2013.

质农民培育政策环境的营造,首先,要做好高素质农民培育的顶层设计,不仅要从中远期规划、扶持政策等方面明确高素质农民培育的方向,而且要在高素质农民培育参与主体、对象选择、内容方法等方面制定相关标准或依据,以借助政策法规为高素质农民的培育指引方向,并强化政策的落实,保证相关政策能够真正落地且有效;其次,政策制定要以与地区经济社会发展相适应为导向,因地制宜地探索高素质农民培育的政策设计与优化路径,以确保高素质农民培育政策切实有效,并不断完善政策、推广政策,为政策与高素质农民培育的深入融合提供导向;最后,要根据新形势新要求推陈出新,制定具有系统性且具有针对性的新政策新措施,以持续优化高素质农民培育的政策环境。

二、观念引导

长久以来,农民社会地位低、收入低等旧观念、旧思想根深蒂固,造成社会上各类人员对高素质农民的认可度也比较低,很难调动人们从事高素质农民这一职业的积极性和主动性,观念引导成为高素质农民培育环境营造的难点所在。因此,为推进高素质农民培育工作,适当的观念引导必不可少。

一是要从明确农民是乡村振兴的受益主体、发展主体、决策主体、监管主体等维度来夯实农民的主体地位,要根据行业、专业不同特点,制定高素质农民培育的准入标准,提高高素质农民培育证书的含金量,通过设置一定的门槛,建立高素质农民培育的退出机制,有效规避"劣币驱逐良币"的风险,提升社会对高素质农民培育的认可度。要广泛宣传高素质农民的美好前景,用身边的成功案例,引导人们认识到高素质农民也有机会实现社会阶层提升,成为令人羡慕的职业。要明晰高素质农民的职业规划,重塑农民价值观念,从根本上扭转社会对农民的固有认知,增强社会对高素质农民的价值认同,以此吸引大批高素质的高校毕业生、社会精英从事农业工作,提升职业农民的整体素质。

二是要强化高素质农民培育的市场化理念,让高素质农民培育与市场深度接轨,鼓励高素质农民创新创业。为此,一方面,政府要协助培育高素质农民的市场观念,使之摆脱面临市场时的恐惧心理,主动适应市场、走近市场,更要培育其市场开拓精神,使其敢于创新、敢于拼搏,能在农业市场竞争中占据一席之地,并鼓励农民打造富有乡村特色、地域特色乃至文化特色的农业品牌,最大化提升现代农业产业价值;另一方面,要继续完善适应现代农业的市场政策,如对主要农产品进行政策性补贴,充分保障农产品种植的市场利益,对扰乱市场、囤积居奇等不良市场行为予以严厉打击,确保农业市场稳定运行[①]。

三是提高农村职业教育工作者的职业认同度。要加大对农村职业教育工作者的培养力度,建立农村职业教育教师继续教育制度,制订农村职业教育教师专项培训计划,帮助其及时掌握最新科技知识和先进技术。同时,加大对优秀教育工作者的宣传和表彰力度,让一线工作人员产生职业自豪感[②]。

三、宣传推广

宣传推广是高素质农民培育起步阶段最直接的环境营造方式,也是最为有效的方式之一。目前,社会对高素质农民培育仍存在偏见和误解,必须转变大众对于高素质农民培育的偏见。政府以及社会各界可以运用传统媒

---

① 李爱琴,王逸豪.新型职业农民培育的动力结构、实践困境与优化路径[J].农业经济与管理,2021(3):71-79.

② 卢彩晨,李朝晖.服务乡村振兴战略要搞好涉农培训:关于涉农培训的调研报告[J].职教论坛,2019(1):126-133.

体和新媒体等方式,广泛深入宣传实施乡村振兴战略的重要意义以及人才在乡村振兴中的重要支撑作用。

作为乡村振兴战略实施主体的农民,受传统小农经济影响,很多都因循守旧,参与高素质农民培育的积极性不高。这表明也需要加强对高素质农民培育的宣传力度,让农民能够从根本上转变落后的传统观念,意识到自身发展的重要性,切实感受到参加培训的重要性,进而愿意接受培训,渴望改变自我,自觉自愿地参加高素质农民培育,这样才能保障高素质农民培育工作的有效开展。

为了提升高素质农民培育的宣传推广效果,需要在宣传推广过程中注意以下几个问题。首先,要明确宣传推广的基本目的,即让高素质农民培育项目家喻户晓,提升有志之士参与的主动性与积极性,夯实高素质农民培育的基础。其次,要明确宣传推广的主要内容,要侧重于高素质农民培育的办学内容、办学方式及办学优势等人们更为关注的基本内容的宣传推广,突出农民在通过高素质农民培育后所获得的职业技能、取得的工作成绩的宣传,以及高素质农民培育为地方经济发展做出的卓越贡献。再次,树立典型,推广经验,及时总结工作中的典型模式和成功经验。结合典型案例,以现有高素质农民的成长经历、体验及改变为宣传推广的重点,充分利用传统媒体和新媒体,多层次、多渠道开展推介与宣传,积极宣传农民在奋斗中致富和成功的故事,让人们更为实际地感受到高素质农民培育的成效,激励更多的农民提升自我发展的意愿,变"要我学"为"我要学",营造全社会关注和支持农民教育培训工作的良好氛围。最后,树立重视高素质农民培育、尊重高素质农民的新风尚,增强全社会特别是青年一代对乡村振兴的认识和参与乡村振兴的自觉性和使命感。此外,还要系统总结高素质农民培育工作的好经验、好做法,搭建各类成果展示和典型交流平台,办好农民教育培训论坛和农民技能大赛。指导农民专业技术协会、产业联盟等发挥作用,帮助高素质农民抱团发展、协作发展、互补发展。继续遴选推介优秀学员、优秀教师、优秀工作者,评选精品课程、优质教材和受欢迎培训机构,树立宣传先进典型,引导学优争先,积极弘扬"学习光荣、素质高贵、创造伟大"的时代风尚,在全社会营造关心支持高素质农民发展的良好氛围。紧紧围绕粮食生产、绿色发展、农民增收等重点工作,与涉农重大工程、重点项目统筹谋划,向粮食生产功能区、重要农产品生产保护区和特色农产品优势区倾斜,努力做到示范区建到哪里,教育培训就跟到哪里,农业产业园建到哪里,培训班就办到哪里。

四、社会氛围

高素质农民培育工程能否顺利实施,社会氛围的营造至关重要。因为社会对高素质农民的认可和关注,直接影响到社会组织及人们参与高素质农民培育的主动性与积极性。营造高素质农民培育的良好社会氛围,首先,要大力弘扬农民在推进乡村振兴、实现共同富裕进程中的关键主体地位,进一步提升社会对高素质农民的尊重度与认可度;其次,要把高素质农民培育工作与素质教育、学历教育、职业教育等放在同等重要的位置,强化国家、社会、经济发展对高素质农民的需求;最后,要强化对高素质农民社会地位、收益权利、职业权利等的提升、保护,从根本上扭转社会上对农民地位低、素质低、收入低的固有认知。

第六节　目标导向机制

目标导向机制在高素质农民培育机制实现中起方向引领作用,是高素质农民培育要达成的战略目标,在高素质农民培育过程中占据统领地位。具体来看,高素质农民培育的目标导向机制包含精准定位培育对象、提升综

合素养、激发内生动力、提高农民收入、促进创新创业、强化职业定位等六个
方面。

一、精准定位培育对象

在广大的农村地区,并非所有的农民都适合接受高素质农民培育,针对
大部分农民综合素质不高的情况,在开展高素质农民培育时,要做好有效性
的选择,选取培育意识强且文化或专业能力过硬的农民参加培育。具体可
以从以下几类人群中进行选取:一是农林院校毕业生或回乡创业者、退役军
人。这部分人文化素质较高且具有专业技能,最容易接受培育。二是农场
主或者养殖大户。他们具有一定的资金储备和社会影响力,且生产经营经
验丰富,发展农业产业积极性高,更容易推动培育的实施,并对其他农民起
到一定的示范引导作用。三是农村务农青年。农村务农青年相对而言文化
水平较高,更容易接受新技术和新知识,是农业农村现代化建设的主力军。
四是务工回乡的农民。这部分人多年在大城市生活,视野相对开阔且有一
定的资金积累,也能推动培育的实施。

二、提升综合素养

当前,实施乡村振兴战略、全面推进农业农村现代化的短板和难点在于
农民的综合素养偏低。因地制宜地提升农民的综合素养就成为高素质农民
培育的终极目标。对于农民综合素养的提升而言,首先,要提升的就是农民
对于农业农村科学的认识程度,即要通过普及科学与创新,从根本意识上提
升农民对于科技知识的认知度与接受度;其次,要提升的是农民的基本文化
素养,即要通过职业教育、成人教育、学历教育等多层次教育,从知识结构上
提升农民对于科技知识的理解度与学习度;最后,要提升的就是农民的基本

职业技能,即要通过职业技能培训、职业技能创新等的多元化培育,从专有技能上提升农民对于科学技术的运用度与熟练度。同时,要注意培养农民的经营管理能力、市场分析意识、思想道德素质和法律意识等,着力提高高素质农民对先进生产技术和农业设施的应用能力,注重增强农民面对瞬息万变的市场环境的应变能力,不断提高农民适应经济发展方式转变和经济结构调整的能力①。

三、激发内生动力

农民是农业农村发展的实践主体,也是农业农村发展的动力来源。激发农民的内生动力是促进农业农村长效发展的关键所在。因此,激发农民内生动力也就成为高素质农民培育的关键目标。对于农民内生动力的激发,关键是要解决农民愿不愿意在农村发展和农民有没有能力在农村发展这两个问题。因此,高素质农民培育的一项重要内容就是要针对上述两个问题不断思考、不断优化,重塑农民价值观念,增强农民对农业的价值认同,在全社会营造"以农为荣"的社会氛围,提高其社会地位,使农民成为一种前景远大的职业,提升农民对自身职业的情感认同。尤其是要切实解决如何将农民有效组织起来,让农民自愿、有动力且有能力推进农业农村发展的问题,即要从提升农民建设农村的意愿和能力两个方面培育高素质农民,这样才能有利于高素质农民培育机制实现良性运行,达到事半功倍的效果。

四、提高农民收入

促进农民收入增长是我国"三农"工作的重中之重,更是实现共同富裕

---

① 邹志翔."互联网＋农业"背景下邵阳市新型职业农民培育研究[D].长沙:湖南农业大学,2017.

的必由之路。因此,提高农民收入同样也成为高素质农民培育的基本目标。一方面,高素质农民培育要强化农民收入提升的基本要求,以多渠道、多方位、可持续地提升农民收入为基本导向,进一步丰富和完善高素质农民培育的实施方案。另一方面,高素质农民培育要以拓宽农民增收渠道为基本目的,通过积极带动农民优化壮大乡村产业,强化技术创新支持,降本、提质、增效,为提高农民收入开拓有效的路径。

五、促进创新创业

促进农民创新创业既是促进乡村振兴的重要举措,也是高素质农民培育的阶段性目标。为实现在高素质农民培育过程中促进农民创新创业的阶段性目标,一是要积极推动互联网、大数据、人工智能等新一代信息技术与高素质农民培育的深度融合,以新技术带动农民创新创业;二是要鼓励探索并积极开发农村劳动力资源,尤其是要有针对性地加快建设创业型的高素质农民队伍建设,为高素质农民创新创业赋能、"充电",促进农民创新创业;三是要加大高素质农民在创业过程中的信贷支持力度,政府可以为高素质农民创业提供一定的补贴,或者出台相关政策支持高素质农民贷款的需求,保证创业的高素质农民能够获得较低利息的贷款,还可以通过减免税收或购置大型农用设备资助等方式支持创业的高素质农民;四是积极拓宽创业融资渠道,除通过立法等方式要求金融机构为高素质农民提供创业信贷支持、设立高素质农民创业基金外,还应当鼓励各种企业及有关行业参与高素质农民创业项目,倡导高素质农民发挥主体动性,积极寻找和吸引企业给予其资金支持。

六、强化职业定位

职业定位是合理安排和规划职业发展,实现自身价值需解决的根本性问题。高素质农民作为一种新型且具有巨大潜力的职业,必然也有明确的职业定位。唯有明确高素质农民的职业定位,才能更好地开展高素质农民培育工作。因此,强化职业定位也就成为高素质农民培育的根本性目标,即高素质农民培育的实施要以职业定位为根本导向。首先,要强化高素质农民的职业定位和发展方向,为高素质农民培育找准方向。其次,要明确新时代农业农村发展的现状与未来前景,为高素质农民培育规划路径。最后,要针对不同的人群进行剖析,明确其优势和不足,才能实施有针对性的培育。

参考文献

一、中文文献

蔡利国,董建强.培育高素质农民推进农业农村现代化进程探讨[J].现代农业科技,2020(14):233-234.

曹骞,孙江艳.乡村振兴与新型职业农民培育[M].北京:经济管理出版社,2021.

曹哲,张颖.培育新时代高素质农民的对策探讨[J].三晋基层治理,2021(3):51-55.

曾雅丽,李敏,张木明.国外农民培训模式及对我国新型农民培养的启示[J].职业时空,2012(6):76-80.

陈君,李文英.日本农业普及教育的发展及其借鉴[J].日本问题研究,2009,23(1):47-50.

崔芮铭,郭立亚.高素质青年农民培育模式研究[J].中国农业资源与区划,2022,43(9):220,262.

第三届(2020)全国农民教育发展论坛《2020年全国高素质农民发展报告》发布词[EB/OL].[2022-11-20].http://www.ngx.net.cn/ztzl/gx40tx34/2020xxnmlt/xwdt/202012/t20201215_222084.html.

樊英,李明贤.职业农民培育问题研究[M].北京:中国农业出版社,2016.

高玉峰,孟凡美.新型职业农民培育策略研究[M].北京:中国农业科学科技出版社,2021.

顾媛.做强高素质农民培育 夯实乡村人才支撑[J].农村工作通讯,2022(1):59-60.

广州市农业农村局.广州市高素质农民培育工作方案(2021—2025 年)[EB/OL].[2022-09-29].https://www.hunanhr.cn/cehuafangan/2021/0702/791397.html.

郭存,何爱霞.基于 ADDIE:高素质农民培训实施机制与优化路径:以庄户学院为个案[J].教育学术月刊,2022(2):88-95.

郭俊华,卢京宇.产业兴旺推动乡村振兴的模式选择与路径[J].西北大学学报(哲学社会科学版),2021(6):42-51.

郭庆海.新型农业经营主体功能定位及成长的制度供给[J].中国农村经济,2013(4):4-11.

国务院.国务院关于印发"十三五"促进就业规划的通知[EB/OL].[2022-09-22].http://www.gov.cn/zhengce/content/2017-02/06/content_5165797.htm.

国务院办公厅.国务院办公厅关于完善支持政策促进农民持续增收的若干意见[EB/OL].[2022-09-28].http://www.gov.cn/zhengce/content/2016-12/06/content_5143969.htm.

国务院办公厅.国务院办公厅转发教育部等部门关于实施教育扶贫工程意见的通知[EB/OL].[2022-09-28].http://www.gov.cn/zhengce/content/2013-09/11/content_5295.htm.

海飞,袁水霞,张志刚,等."互联网+"背景下高素质农民培训模式改革研究与实践:以河南农业职业学院高素质农民培训为例[J].河南农业,2021(21):48-50.

韩俊.土地政策:从小规模均田制走向适度规模经营[J].调研世界,1998(5): 8-9.

何金梅,刘芬华,何强.乡村振兴战略初期新型职业农民多元主体重塑[J].经济与管理,2020(3):62-69.

何晓琼,钟祝.乡村振兴战略下新型职业农民培育政策支持研究[J].中国职业技术教育,2018(3):78-83.

贺雪峰.工商资本下乡的隐患分析[J].中国乡村发现,2014(3):125-131.

贾生华,田传浩,张宏斌.农地租赁市场与农业规模经营:基于江、浙、鲁地区农业经营大户的调查[J].中国农村观察,2003(1):37-45,80.

简新华,产业经济学[M].武汉:武汉大学出版社,2002.

匡兴华,吴东坡.关于素质教育几个相关概念的辨析[J].高等教育研究学报, 2010,33(1):12-16.

李爱琴,王逸豪.新型职业农民培育的动力结构、实践困境与优化路径[J].农业经济与管理,2021(3):71-79.

李谷成.高素质农民新概念与农村双层经营体制新内涵[J].理论探索,2021 (1):5-11.

李红,何红中.发达地区农民职业教育路径建构:基于江苏省与日本的实证比照[J].江西社会科学,2013,33(4):226-230.

李华胤.治理型中坚农民:乡村治理有效的内生性主体及作用机制:基于赣南F村的调查[J].理论与改革,2021(4):116-128.

李环环,牛晓静.法国农民职业培训体系对我国的启示[J].中国成人教育, 2017(1):154-157.

李伟.新型职业农民培育问题研究[D].成都:西南财经大学,2014.

李霞微.乡村振兴背景下新型职业农民教育培训质量提升策略[J].中国成人教育,2021(6):78-80.

李小民,蔡云波."政校合作 产学研贯通"高素质农民培育模式[J].农民科技培训,2021(5):40-42.

李毅,龚丁.日本和韩国农民职业教育对中国新型职业农民培育的启示[J].世界农业,2016(10):59-64.

刘芙,高珍妮.乡村人才振兴的现实困境及对策:以高素质农民培育为视角[J].农业经济,2022(7):110-111.

刘奇.家庭经营是新型农业经营体系的主体[N].农民日报,2013-06-01(003).

刘琼,傅定涛.韩国农民教育概况及其启示[J].成人教育,2011,31(1):127-128.

刘卫柏,徐吟川.小农户有机衔接现代农业发展研究[J].理论探索,2019(2):86-91.

刘英,张凯.日本农业教育的现状、问题与对策[J].世界农业,2001(1):48-50.

刘勇,胡仲明,邱和生.江西培育新型农业经营主体问题研究[J].江西行政学院学报,2015,17(1):63-68.

刘云.高素质农民在乡村振兴中的作用研究[J].农业开发与装备,2022(1):16-18.

刘展宏,张芳.关于高素质农民培训工作的思考[J].农业工程技术,2021,41(21):96-97.

刘战平,黎春峰.乡村振兴战略视角下长沙市新型职业农民培育机制与模式研究[M].北京:中国财政经济出版社,2020.

柳一桥.德国农业职业教育对我国新型职业农民培育的启示[J].农业经济,2018(4):64-66.

龙岩市农业农村局.聚焦"三个突出"打造乡村振兴"生力军":龙岩市推进高素质农民培育[EB/OL].[2022-09-29].http://www.crnews.net/zt/xc-zxkfj/bzqchzf/948564_20220705090145.html.

娄眉卿.转型发展背景下新型职业农民培育研究:以上海市郊区的探索实践为例[J].教育理论与实践,2016,36(21):16-18.

楼栋,孔祥智.新型农业经营主体的多维发展形式和现实观照[J].改革,2013(2):65-77.

鲁文普.盘州高素质农民培育初探[J].农技服务,2022,39(2):116-118.

吕莉敏.基于乡村振兴的高素质农民内涵、特征与功能研究[J].当代职业教育,2022(1):17-25.

吕莉敏.乡村振兴背景下新型职业农民培育策略研究[J].职教论坛,2018(10):38-42.

吕莉敏.新型职业农民培育的政策变迁与趋势:基于2012—2017年相关政策的分析[J].职教论坛,2017(16):26-31.

马建富,吕莉敏,陈春霞.职业培育视阈下的新型职业农民培育研究[M].北京:科学出版社,2015.

农业部.农业部办公厅关于新型职业农民培育试点工作的指导意见[EB/OL].[2022-09-28].http://www.pkulaw.cn/fulltext_form.aspx?Db=chl&Gid=d9d328a623cee468.

农业部.农业部关于印发"十三五"全国新型职业农民培育发展规划的通知[EB/OL].[2022-09-28].http://www.moa.gov.cn/nybgb/2017/derq/201712/t20171227_6131209.htm.

农业农村部办公厅,财政部办公厅.农业部办公厅 财政部办公厅关于做好2016年新型职业农民培育工作的通知[EB/OL].[2022-09-28].http://www.moa.gov.cn/govpublic/CWS/201605/t20160530_5154719.htm.

农业部办公厅.农业部办公厅关于印发新型职业农民培育试点工作方案的通知[R].中华人民共和国国务院公报,2012(8):32-34.

农业农村部办公厅.农业农村部办公厅关于做好2018年新型职业农民培育工作的通知[EB/OL].(2022-09-28).http://www.moa.gov.cn/nybgb/

2018/201807/201809/t20180912_6157154.htm.

农业农村部办公厅.农业农村部办公厅关于做好2021年高素质农民培育工作的通知［EB/OL］.［2022-10-13］.http://www. gov. cn/zhengce/zhengceku/2021/04/30/content_5604177.htm.

农业农村部办公厅.农业农村部办公厅印发《农业农村部2020年人才工作要点》的通知［EB/OL］.［2022-09-28］.http://www. moa. gov. cn/gk/rsxx_1/202003/t20200312_6338775.htm.

农业农村部科技教育司,中央农业广播电视学校.《2021年全国高素质农民发展报告》发布［EB/OL］.［2022-05-24］.http://www. agri. cn/province/fujian/nyyw/202205/t20220524_7855328.htm.

欧雅洪,俞建军,杨聪颖.乡村振兴背景下高素质农民培育研究:基于福建省农业职业教育视角[J].福建农林大学学报(哲学社会科学版),2022,25(5):27-34.

齐美怡,曹晔.日本现代农业职业教育体系建设及对我国的启示[J].职教论坛,2014(10):85-90.

祒农岛."小国大业",荷兰现代农业靠的是什么?[J].营销界(农资与市场),2016(15):74-77.

盛宁.荷兰农民职业教育对我国新型职业农民培育的启示[J].现代化农业,2019(8):45-46.

史红丽.大荔县高素质农民培训工作存在的问题及建议[J].农机使用与维修,2021(9):52-53.

孙在福,王瑞峰.多维度结构视角下高素质农民培育的实现机制[J].中国成人教育,2022(16):72-80.

唐瑾.基于农业产业化发展视角的农业保险体系构建研究[J].求索,2013(7):247-249.

唐丽霞.新型职业农民培育要有新思路[J].人民论坛,2021(9):74-77.

田昕加.乡村振兴背景下新型职业农民培育对策研究[J].学习与探索,2020
（11）:137-142.

王静,孙孝贵.浅析新形势下高素质农民培训模式[J].农家参谋,2021(18):
15-16.

王丽.国外农民培训经验及其启示[J].成人教育,2011,31(7):127-128.

王培.贵州省高素质农民培育现状分析[J].天津农业科学,2021,27(8):
64-68.

王佩,商雪玮.构建高素质农民技能培训机制研究[J].菏泽学院学报,2022,
44(1):52-57.

王西琴,陈秋红.新型职业农民论:源于湖南省永州市的实践[M].北京:中国
人民大学出版社,2018.

王仙芝,桑宁霞.新型职业农民培育:现状、问题与策略[J].中国成人教育,
2018,457(24):169-172.

王奕.荷兰高科技农业的典范[J].营销界(农资与市场),2017(17):28-30.

西奥多·W.舒尔茨.论人力资本投资[M].吴珠华,等,译.北京:北京经济学
院出版社,1990.

奚照寿,丁丽军,袁华根,等.乡村振兴背景下高素质农民"三能力四模块"培
育模式创新实践:以江苏农牧科技职业学院为例[J].江苏农业科学,
2021,49(14):1-5.

肖俊彦.构建培育我国新型职业农民的政策框架[J].中国经贸导刊,2016
（21）:52-55.

肖卫东,杜志雄.荷兰家庭农场为何能创造世界农业奇迹[J].中国合作经济,
2017(8):16-19.

肖小虹.农业发展方式转变中新型职业化农民培育研究[M].北京:科学出版
社,2016.

新华社.中共中央　国务院关于全面推进乡村振兴加快农业农村现代化的意

见［EB/OL］.［2022-10-15］http://www.gov.cn/zhengce/2021-02/21/content_5588098.htm.

新华社.中共中央　国务院关于抓好三农领域重点工作确保如期实现全面小康的意见［EB/OL］.［2020-02-05］http://www.gov.cn/zhengce/2020-02/05/content_5474884.htm.

新华社.中共中央　国务院关于抓好三农领域重点工作确保如期实现全面小康的意见［J］.中华人民共和国国务院公报,2020(5):6-12.

熊凤水.新型职业农民培训研究［M］.北京:中国社会科学出版社,2020.

徐辉,许泱,李红,等.新型职业农民培育影响因素及其精准培育研究:基于7省21县(市、区)63乡(镇)的调研数据［J］.江西财经大学学报,2018(3):86-94.

徐辉.新常态下新型职业农民培育机理:一个理论分析框架［J］.农业经济问题,2016(8):9-15.

徐天敏.新型职业农民的内涵及特征研究［J］.农村经济与科技,2015,26(10):186-188.

杨开芳.乡村振兴战略下高素质农民培育工作创新思路研究［J］.中国成人教育,2021(11):77-80.

杨丽波,张桂芳."互联网＋精准扶贫"新型职业农民培育策略研究:以中西部地区调查分析为例［J］.成人教育,2018,38(12):55-60.

杨柳,杨帆,蒙生儒.美国新型职业农民培育经验与启示［J］.农业经济问题,2019(6):137-144.

杨璐璐.乡村振兴战略视野的新型职业农民培育［M］.北京:中国社会科学出版社,2020.

姚永龙.浅议日本农业接班人危机［J］.中国农村经济,2012(4):87-95.

于凡.吉林省乡村振兴人才支撑与新型职业农民培育问题研究［M］.长春:吉林人民出版社,2019.

郁义鸿.产业链类型与产业链效率基准[J].中国工业经济,2005(11):35-42.

岳秀红.提升新型职业农民培育质量的必然选择:精准培育[J].农业经济, 2019(7):54-56.

张亮,周瑾,赵帮宏,等.国外职业农民培育比较分析及经验借鉴[J].高等农 业教育,2015(6):122-127.

张桃林.构建新格局 开创新局面 推动农民教育培训持续高质量发展[J].农 村工作通讯,2020(24):4-7.

张文君.国外职业农民培育对我国的启示[N].农民日报,2016-05-17.

张晓玥.云南省高素质农民培育工作优化研究[D].昆明:云南师范大 学,2021.

张旭刚.乡村振兴战略下我国农村职业教育的战略转型[J].教育与职业, 2018(21):5-12.

张照新,赵海.新型农业经营主体的困境摆脱及其体制机制创新[J].改革, 2013(2):78-87.

赵家兴.河北省新型职业农民培育问题研究[D].秦皇岛:河北科技师范学 院,2021.

赵泉民.合作社组织嵌入与乡村社会治理结构转型[J].社会科学,2015(3): 59-71.

赵雨,康红芹.新型职业农民培育路径探析:基于女性视角的个案研究[J].职 教论坛,2020(2):108-114.

赵月枝,沙垚.被争议的与被遮蔽的:重新发现乡村振兴的主体[J].江淮论 坛,2018(6):34-40.

郑丽,陈林."互联网十"时代下高素质农民培育的现状及对策[J].南方农业, 2022,16(12):183-185.

中共中央,国务院.中共中央 国务院关于加大改革创新力度加快农业现代 化建设的若干意见[EB/OL].[2022-09-22].http://www.gov.cn/

zhengce/2015-02/01/content_2813034.htm.

中共中央,国务院.中共中央 国务院关于坚持农业农村优先发展做好"三农"工作的若干意见[EB/OL].[2022-09-22].http://www.gov.cn/zhengce/2019-02/19/content_5366917.htm.

中共中央,国务院.中共中央 国务院关于全面深化农村改革加快推进农业现代化的若干意见[EB/OL].[2022-09-22].http://www.gov.cn/zhengce/2014-01/19/content_2640103.htm.

中共中央,国务院.中共中央 国务院关于深入推进农业供给侧结构性改革加快培育农业农村发展新动能的若干意见[EB/OL].[2022-09-22].http://www.gov.cn/zhengce/2017-02/05/content_5165626.htm.

中共中央,国务院.中共中央 国务院关于实施乡村振兴战略的意见[EB/OL].[2022-09-22].http://www.gov.cn/zhengce/2018-02/04/content_5263807.htm.

中共中央,国务院.中共中央 国务院关于加快推进农业科技创新持续增强农产品供给保障能力的若干意见[R].中华人民共和国国务院公报,2012(5):4-11.

中共中央,国务院.中共中央 国务院关于推进社会主义新农村建设的若干意见[R].中华人民共和国国务院公报,2006(11):4-12.

中共中央,国务院.中共中央 国务院关于加快发展现代农业进一步增强农村发展活力的若干意见[EB/OL].[2022-09-22].http://www.gov.cn/zhengce/2013-01/31/content_5408647.htm.

中共中央,国务院.中共中央 国务院关于落实发展新理念加快农业现代化实现全面小康目标的若干意见[EB/OL].[2022-09-22].http://www.gov.cn/zhengce/2016-01/27/content_5036398.htm.

中共中央党史和文献研究院.习近平扶贫论述摘编[M].北京:中央文献出版社,2018.

中国日报网.习近平要求乡村实现五个振兴[EB/OL].[2022-11-20].
https://baijiahao. baidu. com/s? id ＝ 1606122290926418150&wfr ＝
spider&for＝pc.

中华人民共和国国民经济和社会发展第十四个五年规划和 2035 年远景目
标纲要[M].北京:人民出版社,2021.

中华人民共和国农业部.关于实施农村实用人才培养百万中专生计划的意见
[R].中华人民共和国国务院公报,2015(12):27-28.

朱启臻.人才振兴中的高素质农民队伍建设[J].农村工作通讯,2021(12):
45-47.

邹志翔."互联网＋农业"背景下邵阳市新型职业农民培育研究[D].长沙:湖
南农业大学,2017.

二、英文文献

BUREAU OF LABOR STATISTICS. 2019 major sector productivity and
costs[EB/OL].[2022-10-2].https:// www. bls. gov/data/♯productivi-
ty.

HILL L E, HIRSCHMAN A O. The strategy of economic development[J].
Southern economic journal,1959,26(1):72.

IM J B, LEE Y M. The progress and challenges of direct payment programs
in Korean agricultural sector [J]. Korean journal of agricultural manage-
ment and policy,2007 (34):169-195.

LUCAS JR R E. On the mechanics of economic development[J]. Journal of
monetary economics, 1988, 22(1): 3-42.

MATHEWS D R , KUNICKI Z J , COLBY S E , et al. Development and
testing of program evaluation instruments for the iCook 4-H curriculum.

［J］. Elsevier，2019(3)：S21-S29．

STEVENS G C. Integrating the supply chain［J］. International journal of physical distribution & materials management, 1989, 19(8)：3-8.

WORKER S M. Development of an artifact-based evaluation framework for assessing 4-H learner outcomes［J］. The journal of extension, 2019, 57(1)：14.

澤田守.Status and problems of agricultural training to new farmers［J］. Japanese journal of farm management,2003⟨41⟩： 96-99.